JN096972

苦しみを和らげる認知症ケア

村田 久行 編著

川島書店

は　じ　め　に

父：母さん、どこに行った？

娘：買い物よ。すぐに帰ってくるわよ。

父：ああ、そうか。

　（……しばらくして）

父：母さん、どこに行った？

娘：買い物よ。すぐに帰ってくるから。大丈夫よ。

父：ああ、そうか。

　（……しばらくして）

父：母さん、どこに行った？

娘：買い物って言ったでしょ！　すぐに帰ってくるわよ。

父：…ああ、そうか。

　（娘：認知症かもしれない…どうしよう！）

*

A：母さん、どこに行った？

B：買い物ですよ。すぐに帰ってきますよ。

A：ああ、そうか。

　（……しばらくして）

A：母さん、どこに行った？

B：買い物ですよ。Aさんは、母さんは、どこに行った？　と思うんですね。

A：ああ、あいつは認知症だから、どこに行ったか忘れるんだ。

B：Aさんは、母さんは認知症だから、どこに行ったか忘れると思うん

ですね。

A：あいつは認知症だから……オレもときどきどこに行ったか忘れることがある。

B：（ちょっと待つ）Aさんはご自分もときどきどこに行ったか忘れることがあるんですね。

A：……（急に、顔をくしゃくしゃにして泣き出す）…どこに行ったか忘れる。

B：（手をとって）Aさんも、ときどきどこに行ったか忘れることがあるんですね。

A：（泣きながら）情けない…。

　認知症の人の苦しみは深い。プライドもある。恐怖もある。そしてまた、認知症の人を介護する人の苦しみも深い。認知症の人の介護は、困惑といらだち、先の見えない疲れと無力を感じる日々である。この本は、認知症の人も介護する人も互いに〈わかってもらえない苦しみ〉の海から救出する救命ボートでありたい。そして誰もが安心できる安全な陸地にとどけたい。そのような想いで認知症の人とそのケアに携わる人々の命と生きる意味が回復することを願ってこの本を書きました。

　　　　　　　　　　　　　　　　　　　　　　　村田　久行

目　　次

序　章

苦しみを和らげる認知症ケア

〈苦しみを和らげる認知症ケア〉は何をしようとしているのか？　それ
は認知症の人の苦しみを和らげようとしているのである。めざすことは、
認知症の周辺症状を抑えたり、緩和することでもなければ、認知症の人の
ニーズに応え、問題解決をすることでもない。目的は、ただ認知症の人の
苦しみを和らげるケアを行うことである。その理由は、認知症の周辺症状
も認知症の人の多様なニーズの訴えもさまざまな問題行動もすべて認知症
の人の苦しみから生み出されたものであり、それらはどれも認知症の人の
苦しみを和らげることで収まり、解決するからである。その結果、業務も
スムーズに進めることができ、ケアの専門職は仕事の意味を回復するので
ある。

この夢のようなケア、それは、援助とは苦しみを和らげ、軽くし、なく
することであるという対人援助論[1]にもとづいている。これは従来の症状
緩和とも、ニーズに応える問題解決の手法とも異なるアプローチである。
多くの医療や福祉の現場では、症状を抑えたり緩和して患者・利用者・家
族のニーズに応えることで問題を解決する手法がとられている。しかしこ
れらの手法には限界がある。それは、現場にはどうしてもうまく抑えられ
ない症状があり、応えられないニーズや緩和できない苦痛があるという限
界である。その典型が認知症の周辺症状への対応である。認知症の周辺症
状、例えば、帰宅願望、際限のない確認や質問、徘徊、もの盗られ妄想や
作話といった症状は容易に抑えられないし、そこで発せられる認知症の人
のさまざまなニーズや訴えに現場はなかなか応えられない。また仮にそれ

1　村田久行『改訂増補　ケアの思想と対人援助』, 川島書店, 2012 年, p.43

に応えたとしてもこれらの周辺症状が収まるわけではない。その理由は、認知症の周辺症状も多様なニーズの訴えやさまざまな問題行動もすべて認知症の人の苦しみが生み出したものであり、この苦しみが和らがないかぎり周辺症状も収まらず、問題行動も再発するからである。しかし症状は抑えられなくても苦しみを和らげることはできる。ニーズに応えられなくてもそのもとにある不安や苦しみを和らげることはできる。そして苦しみが和らげられると認知症の周辺症状は収まり、問題は自ずと解決する。これが対人援助論にもとづく〈苦しみを和らげる認知症ケア〉である。認知症ケアは、そこに〈援助とは苦しみを和らげ、軽くし、なくすることである〉という対人援助論が存在しないかぎり、症状緩和とニーズに応える問題解決という手法の限界を越えることはできない。

　では、認知症ケアの現場にはどのような苦しみがあるのか。またそこに、どのような苦しみが潜んでいるのか。

認知症ケアの現場の苦しみ

　認知症ケアの現場は苦しみに満ちている。苦しみというとあまりピンとこないかもしれないが、例えば、介護職員のこんな言葉である。「朝から晩まで、ずーっと同じことを何度も何度も、繰り返し、繰り返し大きな声で言われるし、意味不明な言動が多すぎて、理解できないことが多すぎて、疲れる」。介護職員のこの疲れは、認知症の人の要求に応えようとするが、応えても応えてもまた同じことを何度も繰り返し大きな声で言われ、それはついには意味不明な言動、自分には理解できないことに思えて、それに際限なく対応することに、疲れるのである。あるいは、「認知症と分かってはいるけれど、お風呂やトイレなどに誘うと、抵抗されるし、咬まれる、唾を吐かれる」。どうして？　日常生活に必要なお風呂やトイレに安全を考えて誘導しているのに、なんで抵抗するの？　なぜ突然咬まれたり、唾を吐かれたりしなければならないの？　私は理解できない。認知症の人ってわからない。たまに怖いと思うときもある。こちらは誠意をもって介護しているのに…。職員にとって、認知症の人の意味不明な言動に対してそれ

が理解できないまま対応しなければならないのは苦痛である。また、認知症ケアには先が見えない。この状態がいつまで続くのかわからないのは苦しみである。

しかし一方、認知症の人はなぜ、朝から晩まで、ずーっと同じことを何度も繰り返し、大きな声で言うのだろう？　あるいは、お風呂やトイレに誘導するとき、なぜ抵抗したり、職員に咬みついたり、唾を吐いたりするのだろう？　それにはきっと何か理由があるはずだ。認知症の人はわけもなく大声で叫んだり、抵抗したり、職員に咬みついたりはしない。そこには何か深い苦しみがあるにちがいない。そう考えるのが〈苦しみを和らげる認知症ケア〉の対人援助専門職である。

援助とは苦しみを和らげ、軽くし、なくすることである。そして本書では、大声で叫んだり、同じことを何度も繰り返し質問したり、職員に抵抗したり、咬みついたりするその認知症の人の苦しみを〈想い出せない苦しみ〉、あるいは〈わかってもらえない苦しみ〉と考えている。認知症の人は時間を、場所を、相手の人を想い出せない。あるいは、自分は今ここで何をしようとしているのか、今まで何をしていたのかを想い出せない。そして次に何をどうしたらいいのかわからない。その体験は不安であり、混乱であり、恐怖である。その不安や混乱がまた、さらに深い苦しみを生みだす。認知症の人の訴え、「いったいどうなってるの？　私は何をしたらいいの？」は、端的にここはどこ？　あなたは誰？　私は何をすればいいの？を問いかけている。すべてが不明で、生きることの基本となるものを想い出せない困惑、自己の存在と意味が消滅した苦しみを訴えているのである。

しかし、その困惑と苦しみから生み出される徘徊、際限のない確認や質問、帰宅願望、もの盗られ妄想、介護拒否、暴言、暴力などの対応困難な言動を、認知機能障害による記憶障害、見当識障害から生じる周辺症状[2]であると考える職員は、それらが認知症の人の〈想い出せない苦しみ〉、

2　周辺症状のことを近年は行動・心理症状(Behavioral and Psychological Symptoms of Dementia：BPSD)と呼ぶようだが，本書ではBPSDも症状であるので「周辺症状」という簡明な表記を用いる。

あるいは〈わかってもらえない苦しみ〉から生まれたものであるとは思いもよらない。

　認知症の人はそのうえ、言葉すらも想い出せないことがある。言葉を失う、その不安と混乱と焦りを抱えたまま、例えばトイレに誘導されるとき、認知症の人は「嫌だ。行きたくない」と思ってもそれを言う言葉を想い出せないのだ。また、「嫌だ。行きたくない」の理由もうまく言えない。それでもなだめられ、説得されて「さあ、行きましょう！」と手を取られると、その手を振りはらう。「アルツハイマー病患者が、急がなくてはならないと感じさせられたり、善意の介護者によって急がされたりする時、ひどく暴力的になることがあるのはどうしてなのか、私は理解できる。それは単に、「私はこれをしたくない」という言葉が出てこないこと、そして、なぜいやなのか言うことができないため、内部に欲求不満が閉じ込められるからなのだ[3]」。それでも促され、連れて行かれそうになると、咬みつく、つばを吐く、抵抗する。「嫌だ！」の一言も、その理由の言葉もうまく想い出せない、なぜ嫌なのか言うことができないので、暴れる、叫ぶ。ただ身体で抵抗する以外に方法がないのである。そのときこそ職員がちょっと待って、認知症の人の想いを聴いてくれればいいのにと思う。しかし職員は待ってくれない。沈黙を待てず想いを聴こうとしない職員に急かされ、促されると、認知症の人は怒りを爆発させて感情の渦に巻き込まれていく。よく認知症の人は言葉を失っても感情は残っているといわれる。しかし言葉は存在の家であるともいう。言葉という家を失った存在はわかってもらえない不安と孤独と怒りに身を硬くしているのである。

認知症の人の苦しみが介護職員の苦しみを生む

　認知症の人の〈想い出せない苦しみ〉は、そこから生みだされる不安と混乱が介護する人にわかってもらえないときその怒りが介護拒否となって

3　クリスティーン・ボーデン／桧垣陽子訳『私は誰になっていくの？』かもがわ出版，2003年，p.91

介護者に向けられ、それが今度は介護職員の苦しみを生む。職員は突然自分に向けられた認知症の人の怒りや反発に困惑し、それを認知症の周辺症状と考えて対応するが、それでも症状がうまく収まらないと、焦り、悩み、苦しむのである。そして現場は忙しい。仕事に追われる職員はとてもじゃないが認知症の人の〈苦しみ〉には目が向かない。向けてもいられない。「認知症の人に苦しみがあるかって？ …だって、認知症でしょう？ 何もわかんないよね」「認知症の人に対応するスタッフは苦しんでいるかって？ それどころじゃないよ。だってみんな業務に必死で、援助なんて、そんなことしても仕事は終わらないし、現場は回らないからね」。現場は誰もが業務に必死である。余計なことを考える余裕もないし、第一、やることが多すぎる。トラブルは常に発生し、対応に走り回る職員は悩むがもやもやは残ったまま。現場の苦しみは今日も続くのである。

　しかしやはり、職員の悩みは深い。仕事の苦しみは？ と聴かれてこう答える職員もいる。「利用者が怒ったとき、叩かれて、唾を吐かれ、後で陰口を言われて、どうしてここまでされないといけないのかと情けなくなる」「なぜこんなにへりくだって言葉をかけなければいけないの？ と思う。例えば、すみません、おむつを換えさせてくださいませんか？ って…でも、そうしないとおむつを換えさせてもらえない」「夜間眠らず、すぐに起き出す。早く起きろ！ と周囲の居室の戸を叩いて起こして回る人もいる。あるいは立て続けのコールがある。コールを握りしめて離さず、無意識にコールを鳴らす人もいる。夜勤がひとりのとき、その都度どうすればいいのか判断がむつかしいし、悩む」「ずっとそばにいたのに、ものを盗った、隠したなどと犯人扱いされる」「何度も同じことを言ったり、尋ねられたりして、出口が見えない」。これらの言葉はどれも「周辺症状」や「困りごと」では済まされない現場職員の悩みであり、苦しみである。

〈理解できない・わかってもらえない苦しみ〉が新たな苦しみを生む

　これらの介護職員の苦しみに共通しているのは屈辱であり理不尽さであろう。あるいは、相手を理解できない、相手に介護をわかってもらえない

苛立ちであり、疲れである。たとえ日々の作業が肉体的に疲れるものであっても、それが相手に感謝され、互いに気持ちが通いあうのなら介護もやりがいのある仕事である。しかし意味も理由も理解できない認知症の人の反応や言動、突然の暴力や暴言、そして理不尽な罵倒などに耐えるしかない屈辱、そして先の見えない作業の日々からどのような介護の喜びが感じられるというのだろうか。近年の認知症ケア介護職員の離職の増大と多くの人の介護離れには低賃金、人手不足による仕事量の多さだけでは説明できないものがある。そこには認知症の人を〈理解できない・わかってもらえない苦しみ〉が潜在している。しかも際限のない、先の見えない認知症介護のやりがいのなさ、空しさがそれに輪をかけてくる。

　しかし、「もういやだ!」では現場は回らない。そこで職員は仕事を「業務」と割り切ることでこの際限のない認知症介護の苦しみをなんとか乗り切ろうとする。「割り切る」という対処である。「認知症の人に苦しみがあるかって?だって、認知症でしょう。何もわかんないよね」「みんな業務に必死で、援助なんてそんなことしても仕事は終わらないし現場は回らないからね」。こちらも相手を理解できないし、相手にもわかってもらえないのなら、「これは業務なんだ」と割り切るのである。これが現場の対処である。私たちはやることはやってるし、認知症の周辺症状にはマニュアル通りに対応すればいいのよ。トラブルは問題解決のマニュアルで処理するし、そして大事なのは安全管理、これを忘れちゃだめ。だって転倒事故でもあってさぁ、寝たきりにでもなられたらたいへんでしょ?

　苦しみを和らげるのではなく、認知症の周辺症状に対処し業務に専念する。援助なんてむつかしいことは考えない。私たちの仕事は業務をこなすだけ、決められたことをきちんとやればいいのよ。……認知症の人を〈理解できない・わかってもらえない苦しみ〉が、こうして介護を「業務」と割り切る対処行動を生みだすのである。そしてそれは、介護の物体化を招く。認知症の人への介助もそれを業務と割り切ることによって相手を物のように扱うようになり、それはまた介護する人の動作を気持ちの通いあわない介護ロボットのようにしてしまう。すると認知症の人は自分が物扱い

されることに鋭く反応し、意味不明の言動で反発してきて、職員はそれを認知症の周辺症状と考え、マニュアルの対処をする。それがまた認知症の人の反発を招き、職員はそれに業務的に対応する……悪循環である。そこには認知症の人にも職員にも互いに相手を〈理解できない・わかってもらえない苦しみ〉が潜在している。それが職員のさらなる業務的対応を生み、それに認知症の人の反発が強まるという終わりのない苦しみの連鎖が認知症ケアの現場で繰り広げられていくのである。なぜ、このような際限のない苦しみの連鎖が起こるのだろうか？

〈症状対応の認知症ケア〉と〈苦しみを和らげる認知症ケア〉

　現場の介護職員と認知症の人の間で繰り広げられるこのような苦しみの連鎖の理由は、従来の認知症ケアが認知症の周辺症状を対象とする〈症状対応の認知症ケア〉であって、認知症の人の〈苦しみを和らげる認知症ケア〉ではないことに原因がある。〈苦しみを和らげる認知症ケア〉とは、対人援助論にもとづいて認知症の人の苦しみを職員との関係の力で和らげ、軽くし、なくする‘ケア’である。それに対して従来の〈症状対応の認知症ケア〉は認知症の人の周辺症状に対応する認知症ケアである。つまり認知症の人の徘徊、際限のない確認と質問、もの盗られ妄想、帰宅願望、暴言・暴力・介護拒否、せん妄・幻覚と錯覚、抑うつ、不眠・睡眠障害などといった対応困難な行動・心理を認知症の周辺症状と捉え、その〈症状対応〉を中心に組み立てられたケアである。しかし冷静に考えてみると、これらの症状と云われるものは、実は認知症の人本人の苦しみではなく、認知症の人の介護をしている介護者自身の困りごと、苦しみではないだろうか。周辺症状と呼ばれるものは、介護者がその対応に困り、それを何とか抑えるにはどうすればよいかと悩む介護者にとって問題である行動のことであって、認知症の人本人の苦しみではない。それゆえ従来の〈症状対応の認知症ケア〉では、これまでいちども認知症の人本人の〈苦しみ〉はケアの対象になってこなかったのである。

　この指摘に現場の介護職員は、「え？　認知症の人に苦しみがあるの？

だって、認知症でしょう。何もわかんないよね」と聞き返す。「認知症の人の苦しみなど考えたことなかった」と。その結果、現場では認知症の人の苦しみを和らげる、軽くし、なくするという発想はどこからも生まれず、認知症の人の苦しみを和らげる〈援助〉ということも、これまでいちども主題とならなかったのである。

認知症の周辺症状は〈想い出せない苦しみ〉から生み出される

　しかし、〈症状〉は〈苦しみ〉が原因で生まれることがある。特に認知症の周辺症状は認知症の人の〈想い出せない苦しみ〉から生み出されると考えてみると、例えば徘徊とは、認知症の人がここはどこ？　私はここで何をしているの？　と自分が想い出せない不安と混乱が原因となった行動であり、もの盗られ妄想は、自分のものをどこに置いたのかを想い出せない困惑から、ない！　なくなった！　誰かが盗ったにちがいないと考えるのが原因であり、帰宅願望は、ここはどこ？　私はなぜここにいるの？　と、自分がここに来たことを想い出せない不安と混乱から、ここじゃない！　家に帰りたいという想いが行動となった訴えであると考えられないだろうか。この〈想い出せない苦しみ〉は、介護拒否・暴力・暴言の場合は、「そうじゃない、ちがう！」という拒否の言葉を想い出せない苛立ち、「嫌だ！」の理由をうまく言えないまま急かされ、誘導されることへの反発であって、それは相手に〈わかってもらえない苦しみ〉のもとになるのだとわかるのである。そしてこの〈想い出せない苦しみ〉を誰にも〈わかってもらえない〉ことから生じる反発と不安と孤独が生きることの無意味や空虚といったスピリチュアルペイン（自己の存在と意味の消滅から生じる苦痛[4]）を伴ったさらなる周辺症状を生み出す原因となっていると考えられるのである。

　それゆえ、〈苦しみを和らげる認知症ケア〉は、症状を抑えたりなくそうとする〈症状対応の認知症ケア〉とは異なり、周辺症状の原因となる〈想

4　村田久行・長久栄子編著『せん妄』，日本評論社，2014年，p.31

い出せない苦しみ〉を和らげ、軽くし、なくすることから'ケア'を組み立てる。そしてこの〈想い出せない苦しみ〉が生み出す不安や混乱、緊張や孤独が和らげられることで、徘徊、際限のない確認や質問、もの盗られ妄想、帰宅願望、暴力・暴言・介護拒否、せん妄、幻覚と錯覚、抑うつといった周辺症状は消失すると考えるのである。

周辺症状と〈想い出せない苦しみ〉

〈想い出せない苦しみ〉が〈原因〉となって
さまざまな周辺症状が表出する〈多重構造〉

〈症状対応の認知症ケア〉は的外れの認知症ケアである

　一方、〈症状対応の認知症ケア〉は的外れの認知症ケアである。例えば、前述の介護職員の「認知症と分かっているけれど、お風呂やトイレなどに誘うと、抵抗されるし、咬まれる、唾を吐かれる」という場合を考えると、現場の職員はこのような認知症の人の叩く、引っ掻く、蹴る、咬むなどの「暴力」、あるいは罵る、怒鳴るなどの「暴言」のような対応困難な言動を認知症特有の周辺症状（攻撃性：暴言・暴行・介護拒否など）であるとアセスメントするよう教育されている。それは例えば、「攻撃性の精神的因子に易怒性があるが、攻撃性に発展するまでの怒りの原因として以下の4つがある。①認知機能障害（中核症状）を受け入れられない怒り（自己への叱責）　②被害妄想的な内容に基づく怒り　③身体接触を含んだケアに対する怒り　④周囲からの不用意な対応に対する怒り。このうち④が原因として多く、早期に気づき、対応を検討していくことで攻撃性に発展せず、

対処可能な場合もある。なお、攻撃性は他者だけでなく、自己に及ぶとき
には自傷行為や自殺企図に発展することがあるため、注意が必要である[5]」
と解説されていて、職員はこの指針にしたがって「周囲からの不用意な対
応に対する怒り」を招かないように注意しつつ本人に寄り添う、失敗体験
を回避する（エラーレス）などをして、いかに認知症の人の怒り、暴言・
暴行・介護拒否を回避するかを考え、意味不明の言動で反発する認知症の
人をなだめたり、すかしたり、介護者が下手に出て自分を卑下したりして
認知症の人を介護に誘導しようとするのである。これはすべて、認知症の
対応困難な行動・心理を周辺症状と捉え、その〈症状対応〉を中心にして
組み立てられたケアのアプローチである。しかし攻撃性に発展するまでの
怒りの原因を、主に「周囲からの不用意な対応に対する怒り」とするこの
解説では、何が不用意な対応であるのか、なぜ、どのようにそれが不用意
なのかの説明がないかぎり、認知症の人の不意の怒りや暴言・暴行・介
護拒否に対応できない。このような〈症状〉の解説では現場の対応に役に立
たないのである。そのことは現場の経験が示している。これでは現場の対応
に役立たない理由は、〈症状対応の認知症ケア〉にはこれらの周辺症状が認
知症の人の〈想い出せない苦しみ〉や〈わかってもらえない苦しみ〉から生み
出されているという認識が存在しないからである。そしてこの〈想い出せない
苦しみ〉や〈わかってもらえない苦しみ〉が和らがないかぎり認知症の人の
〈対応困難な行動〉は収まらないという認識がないからである。

　なぜ、このような的外れの認知症ケアが行われているのか？　それは日
本の医療、福祉の現場はすべて客観的に捉えることができる認知症の〈症
状〉には対応するが、認知症の人の主観的な〈苦しみ〉はケアの対象とし
て扱ってこなかったからである。その結果、認知症の人の観察や分析、対
処や考察や評価はすべて客観的に捉えることのできる問題行動や〈症状〉
を対象として行われ、それゆえ客観的な目に見える事象に意識を向けて
〈症状〉を対象とするように教育され訓練されてきた医療者と介護職には認知

5　藤﨑あかり：日本看護協会編『認知症ケアガイドブック』2016 年，p.100

症の人の〈苦しみ〉を主題とすることや認知症の人の〈苦しみを和らげる〉という発想をもつことは不可能に近いほど困難なことなのである。これが今まで〈症状対応の認知症ケア〉が現場で実践されてきた理由である。

〈症状〉ではなく〈苦しみ〉

　現状のままで、もし従来の〈症状対応の認知症ケア〉で徘徊やもの盗られ妄想、帰宅願望、暴力・暴言・介護拒否、せん妄・幻覚と錯覚、抑うつといった周辺症状が収まるのなら、本書の〈苦しみを和らげる認知症ケア〉は必要ないのかもしれない。しかし現場は認知症の周辺症状や問題行動の対応に苦しんでいる。それゆえわれわれは〈症状対応〉ではなく、その〈症状〉を生み出すもとの〈苦しみを和らげる〉ことを主題として、認知症の人本人の「体験」に視点を転じた新たな認知症ケアを探究しなければならない。

　それには認知症の人の〈想い出せない苦しみ〉は不明の「体験」であり、そこから生じる不安や怖れや困惑、情けなさや怒りや空虚などもそれに伴う「体験」であると認識することが重要である。さらにまた、この〈想い出せない苦しみ〉が認知症のさまざまな周辺症状を生み、それに対応する介護者の苦しみ（体験）を生んでいることを明らかにすることも重要である。それゆえわれわれには認知症の人の苦しみのみならず、それを介護する人の苦しみをも解明する「体験の解明」が必要である。介護の現場で〈症状対応の認知症ケア〉が行き詰まり、多くの介護者が認知症ケアに疲弊するという大きな課題を抱えている現在、われわれが明らかにすべき対象は〈症状〉ではなく〈苦しみ〉という体験であり、その〈苦しみを和らげる認知症ケア〉の探究が求められているのである。

本書の構成

　この本は6章からなっている。第1章「介護職員は苦しんでいる！」の主題は、〈症状対応の認知症ケア〉を実践し、現場で葛藤しつつ疲弊している介護職員の苦しみである。〈症状対応の認知症ケア〉は、学校で教育

され、現場の研修と日々の対応で教えられ伝えられてきた認知症ケアである。しかしそれは現場の苦しみを生み、業務と化した際限のない日々のケアの終わりのない苦しみの連鎖に疲弊した介護職員は離職し、多くの人の介護離れの一因となって、現場は人手不足に悩んでいる。その現状を認知症ケアの現場職員の事例から分析し考察する。

　第2章は、「認知症の人は苦しんでいる！」である。認知症の人の苦しみは〈想い出せない苦しみ〉であり、それが生み出す苦しみとは想い出せないことから〈ものごとの意味のつながり〉が失われて世界が不明となり、そこから生じる不安と緊張と孤独である。また、その苦しみに対する認知症の人の必死のコーピングが徘徊、際限のない確認と質問、帰宅願望、もの盗られ妄想、せん妄や幻覚と錯覚、抑うつとなって現れ、それらはしかし介護者には「周辺症状」と見られることで認知症の人の〈わかってもらえない苦しみ〉を生み、その反発が介護拒否や暴言・暴力などとなって、今度は介護者の〈わかってもらえない苦しみ〉を生み、それらが認知症の人と介護者の双方の〈わかってもらえない苦しみ〉に連鎖し、新たな苦しみを生むことを現場の認知症ケアの事例から解説する。

　第3章は、「苦しみを和らげる認知症ケアの探究」である。本章での〈苦しみを和らげる認知症ケア〉の理論構成は、認知症の人の苦しみは〈想い出せない苦しみ〉と〈わかってもらえない苦しみ〉という二重の苦しみであり、認知症の「周辺症状」とはそれら二重の苦しみに対する認知症の人のコーピングであると位置づける。そしてそれらを【一次的周辺症状】と【二次的周辺症状】に区分し、〈想い出せない苦しみ〉に対するコーピングである【一次的周辺症状】（際限ない質問や確認、帰宅願望、もの盗られ妄想、徘徊など）と、〈わかってもらえない苦しみ〉に対するコーピングである【二次的周辺症状】（無気力、介護拒否、暴言・暴力など）とに分類して、〈わかってもらえない苦しみ〉を和らげるケア（傾聴・援助的コミュニケーション）こそが〈苦しみを和らげる認知症ケア〉への入り口であると解説する。〈わかってもらえない苦しみ〉がケアされると、そのコーピングである【二次的周辺症状】が収まり、認知症の人は傾聴と援

助的コミュニケーションで語りを促されて自律を回復し、【一次的周辺症状】に振り回されない安定と安心を得て日常世界を再構成し、自分をとりもどすのである。この理論を「認知症の人の入浴拒否」の事例と、その後の「認知症の人の入浴拒否から〈苦しみを和らげる認知症ケア〉へ」の事例で詳述する。

　第4章は、「〈苦しみを和らげる認知症ケア〉の援助技術と援助プロセス」である。ここでは、〈苦しみを和らげる認知症ケア〉の援助技術を具体的な技法の理論的解説と技法の用い方それぞれについて援助プロセスに従って紹介する。認知症の人の〈想い出せない苦しみ〉と〈わかってもらえない苦しみ〉という二重の苦しみに対して〈苦しみを和らげる認知症ケア〉は認知症の人の【二次的周辺症状】（無気力、介護拒否、暴言・暴力など）へのケアを援助の入り口と考えている。その内容は、対人援助専門職として自分の行為を意味づけ言語化すること、特に認知症の人に選ばれる雰囲気を身につけることの重要性、そのためにはどのように反復、問いかけ、ちょっと待つ、ふれるのスキルを用いるのか、そしてその結果、認知症の人がいかに【一次的周辺症状】に振り回されない安定と安心を得て日常世界を再構成し、自分をとりもどす自律を回復するのか、その方法と意味についての詳しい説明をする。章の最後では認知症の人の実存的身体に"ふれる"ことも、援助的なコミュニケーションのひとつとして解説する。

　第5章は、「認知症の人の体験世界と〈苦しみを和らげる認知症ケア〉」である。ここでは、「症状」ではなく、認知症の人の「体験」に視線を転じて、認知症の人の「体験」そのものから〈苦しみを和らげる認知症ケア〉の援助的な意味を考える。認知症の人の「体験」を純粋に「体験」そのものとして経験し規定すると、認知症の人の〈苦しみ〉は、自明性の喪失、不明、不安と不安定と緊張、混乱、そして屈辱と怒りとして現れてくる。あるいは、プライド、孤独、蔑みに対する不全感と屈辱、不信と怒りと拒絶、そして孤独のコーピングという姿で記述される。

　それらに対して〈苦しみを和らげる認知症ケア〉は認知症の人の自律の回復を目標とする。認知症の人の自律とは、〈想い出せない苦しみ〉に周

辺症状という形でコーピングすることに没頭する認知症の人が、苦しみを和らげる認知症ケアで安定と安心を得て自分をとりもどすことである。自己の存在と意味の回復、生きる意味を回復することで‘我に返る’ことであり、そのために〈苦しみを和らげる認知症ケア〉はどのように‘ケア’をするのか。その‘ケア’の考え方とスキルを、認知症の人の「体験」に視線を転じて、認知症の人の「体験」そのものから具体的な事例をもとに解説する。

　最後の第6章は、「認知症の人はどのように扱われ、見られてきたか：研究の過去と現在」である。これまでの認知症ケア研究の過去と現状を振り返り、研究史は認知症ケアが過去40年間、認知症の人を痴呆性老人、問題行動の人として扱い、呼称が「痴呆」から「認知症」に変更された後も研究者は認知症状の問題行動を解決しようとすること、研究テーマが「問題行動」から「認知症の行動・心理症状」BPSD症状に変わっても、認知症の人を「業務を妨げる問題行動の人」と認識し、BPSDの予防や早期解決と介護者の負担軽減の研究などが依然として続けられている現状を示している。その結果、「人として在るために必要なニーズをもつ人」というパーソン・センタード・ケア、つまり、PCCの理念と現場との乖離は続くのであると、従来の認知症ケア研究は「症状に対応する認知症ケア研究」を中心に研究されてきたことを詳述し、それへの考察を行っている。

［引用文献］
1　村田久行『改訂増補 ケアの思想と対人援助』，川島書店，2012年，p.43
3　クリスティーン・ボーデン／桧垣陽子訳『私は誰になっていくの？』かもがわ出版，2003年，p.91
4　村田久行・長久栄子編著『せん妄』，日本評論社，2014年，p.31
5　藤﨑あかり：日本看護協会編『認知症ケアガイドブック』2016年，p.100

第 1 章
介護職員は苦しんでいる!

ある介護職員の語り

　「どうしたらいいのかわからなくて、それをどうしていいのかもわからなくて苦しいです」と、認知症の人の症状対応に迷う介護職員は語る。認知症の人の繰り返される症状にどう対応していいかわからず、介護職員は悩み、このままでいいのかと先の見通しを失い、それでも認知症の人の言動を抑えようと対応しつづけるが、症状は収まらず、さらに激しくなっていく。

　認知症の人の「家に帰る」に対応する。さあ、今夜も始まったとばかりに「もう、夜だから帰れないですよ」などと、カーテンを開けて外の暗い景色を見せてみる。時計を指し示して今の時間を伝えてみる。認知症の人の「今は夜ですか。もう帰れないですね。部屋で休みます」という言葉を期待する。帰ることができない理由を次から次に手札を切るように示し、繰り返し説明し、認知症の人に納得してもらおうとする。しかし認知症の人にはどうしても家に帰らなければならない理由があるらしい。他の利用者のことも気になりながら、なんとかこの場をしのぐために認知症の人の意識が「家」や「帰る」から離れるように、お茶やお菓子を給仕し、他の話題に切り換えてみるも、上手くはいかない。「私も今晩泊まりますから、一緒に頑張りましょう」などと励ましてみるがわかってはくれない。認知症の人にあきらめてもらうための理由をあの手この手で何度も示し、なん

とかこの場をしのごうとするが、それでも、興奮は収まらない。そのとき
ナースコールがあると救われたとばかりに「ちょっと待っていてね」とそ
の場を離れる。あとは自然に訴えが収まり、認知症の人があきらめるのを
見守るしかない。夜明け近くにすっかり疲れ果ててテーブルでうたた寝す
る認知症の人の姿を見ながら、精も魂も尽きはてた自分の姿と重なってし
まう。どれだけ説明してもわかってもらえない認知症の人への対応に、介
護職員は苦しむ。

＊

「どうしたらいいの？ どうしたらいいの？」と、大きな声で何度も繰り
返す認知症の人に「もうすぐご飯ですから、待っていて下さいね」「ここ
にずっと居ていいですよ」などとその場をしのぐ。しかし認知症の人の
「どうしたらいいの？」は止むことはない。「外に散歩に行きましょうか」
と外に連れ出す。「気分転換に体操でも」気持ちを逸らそうと対応する。
認知症の人も「行きましょう、行きましょう」などとひととき収まるが、
すぐに「どうしたらいいの？ どうしたらいいの？」が繰り返される。介
護職員が「何がしたいの？」「どうしたいの？」と尋ねれば、「わたしは、
なんにもわかりません」と答えてはくれない。「じゃあ、一緒に掃除をし
ましょうよ」と誘うと「そんなものはしたくない」と拒否される。次第に、
介護職員は認知症の人と視線を合わさぬようにして「どうしたらいいかな
ぁ」とつぶやきながら、その場からゆっくりと離れ、かかわりを遠ざけて
いく。認知症の人の話を流し、かかわることを避け、認知症の人の「どう
したらいいの？」をスルーしていく。どれだけかかわっても際限なく繰り
返される認知症の人の「どうしたらいいの？」の対応に、介護職員は苦し
む。

＊

「あいつが、盗った。私はあいつが部屋に入ってくるのを見たんだ」「あ
いつが私の服を盗っていった」などと眉間にしわを寄せ、厳しい表情で、
眼光鋭く、確信的に「盗られた」と認知症の人が訴えてくる。その犯人
とされた介護職員が、誰も部屋には入っていないし、服もさわっていない、

あなたの勘違いだと事情をいくら説明しても「盗られた」はなかなか収まらない。それはあなたの間違いであり、誤解であると理由を説明しても耳を貸してはくれない。周りの介護職員がその場を取り繕おうと「昨日お風呂に入ったから、洗濯に出してある」などと言ってみるが聞き入れようとはしない。認知症の人は、それがどれほど必要なものなのか、どれだけ被害を被っているかとさらに泣きながら訴え、確信的な疑念は晴れることはない。もの盗られ妄想の犯人とされた職員は、どうして私が責められなければならないのか、なんで私が妄想の標的にされ苦しまなければならないのかと、語気を強くして自分の身の潔白を説明するも相手に通じることはない。上司から避難的に一時距離をとるように言われ、部署転換を命じられて、なにもかもが納得いかない。もの盗られ妄想の標的に仕立て上げられた介護職員は、認知症の人の理不尽な妄想に苦しむ。

*

「おトイレはどこ」と数分おきに、一日何十回と尋ねられる。「さっきトイレには行ったばかりだよ」と伝えても、認知症の人は「おしっこがもれそうなの」「もう我慢できないの」と訴える。「またか」と思いながら「トイレはここですよ」と示す。「ありがとう」とトイレに入り用を足す。そして、食堂に戻ると、すぐに「おトイレはどこ」「もれそうなの」と訴える。「トイレに行ってもおしっこでないでしょ」「ちょっと待って」というも、「そんなこと言わないで、早く教えてよ」と懇願される。利用者はこの人だけでないのだからと、その場を去ると、後を追うようについてくる。そんなことを一日中、何十回も繰り返す。介護職員は、「どうして忘れてしまうのだろう」「病院に行って、薬を飲んでいるのに、どうして」といぶかしむ。ベテランの介護職員は言う「それは、甘えているからだ」と。「トイレ」と一日中繰り返す訴えに対応する介護職員は、「トイレ」と言われるたびにイライラする自分に気づく。もういい加減にしてほしい！　と意地悪な対応をしてしまうそんな自分の本性が見え隠れすることがイヤになるという。繰り返される訴えにいらだち、どう対応していいかも分からず、対応の苦しさから自制心を失ってしまう介護職員は認知症の人の対応に自らの

意識をコントロールできず、いつか感情が爆発するのではないかと恐怖さえ覚えるという。これも介護職員の深い苦しみである。

＊

「死にたい……」と言葉がなかなか出ない認知症の人が、介護職員に手を伸ばし、涙を流しながら、何かを訴える。介護職員は「どうしたの？」と背中をさすりながら「大丈夫？」「どうしたの？」その原因を聞き出そう、理解しようと「なにがあったの？」「どうしたの？」と繰り返し質問を投げかける。しかし、言葉が出てこない、言葉が整わない、言葉にできない認知症の人は、くちびるを震わせながら、「＊‥＊‥＊＊‥＊‥＊…あの…」と語るも、耳に届いた言葉をつなげても訴えの意味がわからない。介護職員は、分かってあげられなくて申し訳ないと言いながら、認知症の人の前後の様子から、訴えの意図を探ろうと、「おトイレ？」「どこかに行きたいの？」などと伝えてみるが認知症の人は首を振るばかり。言葉が分からないから、最後には「もう、心配いらないからね」「大丈夫だから」などと慰めてみるがどうも対応が違うらしい。困り果て、周りを見渡し誰か助けてほしいと仲間の介護職員に応援を乞う。どう対応していいかわからなくて困っていると、認知症の人は、すーっと遠くを見つめ、曇った表情のままテーブルに顔を伏せる。言葉が出てこない、言葉を話せない認知症の人は大声で泣き叫ぶことも、わめくこともできず、ただただ、こぼれ落ちる涙を拭いている。認知症の人の言葉を聴きとることも、励ますことも、慰めることも、分かってあげることもできず、訴えを何も解決できないことに介護職員は苦しむ。

＊

「イアーッ！」と声がする。介護職員が身体をベッドから起こそうと触れるたびに認知症の人が大声をあげる。言葉を失った認知症の人は、「やめろ！」と言わんばかりに手を振り上げ、動かない足で職員の手を蹴り、硬くなった全身で介護を拒否しようとする。何かを言おうとするが、「イアーッ！」と声を上げるだけで言葉にはならない。そんな声を聞きながら、認知症の人の表情も見ずに「起こしますよ」と職員は淡々と声をかけ、車

いすに移動させる。認知症の人は何もかもわからなくなったわけでないことは知っている。家族が会いにくれば、笑顔を浮かべ、好きな食べ物が食卓に並べば真っ先に手を伸ばす。感情は生き生きと保たれていると研修でも学んだ。でも、認知症の人の介助に向かうたびに、言葉かけは声かけとなり、いつのまにか、誰のために、何のために声をかけるのか、考えることもやめてしまっているかのように淡々と声をかけ、布団をはぎ、声をかけ、身体を起こし、声をかけ、そして車いすに移乗していく。一方的に介護され、同意もなく、モノのように扱われている認知症の人が何を感じているか、その体験に職員が気づくことはない。上司に、「最近、言葉かけが荒いね」と言われ、「その時、認知症の人はどんな表情をしていた？」と聞かれたときハッとした。その時の認知症の人の表情が何も思い浮かばない自分が無性に悲しかったという。スケジュールに追われ、ただ目の前の業務をこなし、現場を回していく、そして認知症の人が置き去りになってしまっている。その姿に介護職員は苦しむ。

＊

「また転んでしまいますよ！」と職員の声がする。転倒を繰り返す認知症の人の部屋からだ。その物音に介護職員は耳を澄ます。「部屋を訪ねたら、床に座りこんでいた」などというインシデントレポートは多い。その度ごとに職員は、「何かあったら、いつでも呼んでください」と繰り返し伝える。認知症の人は「ごめんなさい、ごめんなさい」と手を合わせる。それでも、ひとりで立ち上がり、歩こうとしてまた転倒し、職員は「危ないですから、勝手に動かないでね」と認知症の人をいさめる。センサーマットを敷き、さらに物音に神経を研ぎ澄ます。しかしどれだけ説明し説得しても変わらぬ認知症の人の言動に職員は語気を強め、さらに見守りという監視を強める。ある日の早朝、認知症の人が転倒し、とうとう骨折した。搬送する車の中で認知症の人にその理由を尋ねると、「なにもできなくなってしまった。立つことさえできなくなった。（職員を）呼びなさいというけれど、迷惑をかけるから」と両手を合わせた。認知症の人を想って、「いつでも呼んでください」という介護職員のお願いは、認知症の人には自ら

が迷惑なものとなって現われ、そこに自分の無意味、無価値を感じ取ってしまうのだろうか。認知症の人が他の人に迷惑をかけまいと必死に動くことを、職員は抑えることはできない。介護者の安全と管理のための言葉かけによって自らが迷惑な存在として現れて勝手に動こうとする認知症の人の対応に、介護職員は苦しむ。

＊

「家に帰る」という認知症の人がいた。介護職員は何とか思いとどまらせようと、何とか気を逸らせ、適当なうそでかわし、ごまかし、その場をしのごうとするが、玄関の鍵を開け、靴を履き、外に出て行く。ここに泊まる理由を示しても、「わかった、わかった」と言って歩きはじめる。介護職員は腹を決め、認知症の人の後をついていく。途中、認知症の人が手招きをし、「帰る道が分からないから教えろ」という。日が暮れ始め、車の照らすライトに危険も感じながら、認知症の人は足を引きずり、辛そうに立ち止まり休憩をしながら、また歩いていく。施設から応援の送迎の車が来るが、「この車に乗ると連れ戻される」と乗ってはくれない。沿道のラーメン屋の戸を開け中に入る認知症の人。慣れた様子で店主と語り、「なんでもいいから注文しろ、俺のおごりだから」と中身のない財布を示しながら言う。様子を察した店主がラーメンを出してくれた。「昔から世話になっているからね」という店主に右手を挙げお礼を言う認知症の人。そして再び歩きはじめる。とうとう家についてしまった。家族の何とも言えない表情を伺いながら、事情を説明する。一週間後、精神科病院の入院が決まった。担当する医師からは、介護施設では無理だと言われ、その言葉で職員は無理やり自分を納得させた。本当にこれでよかったのか。私たちのケアは何か的外れではなかったのか。いまでもその認知症の人への応対を想い出すと苦しくなる。決して、症状を抑えようとか、問題を解決しようと思ったわけではない。しかし、その認知症の人に現れた介護職員の姿はどんなものだったのだろうか。認知症の人の激しく、深い苦しみに出会った介護職員の苦しみはどのように和らげればよかったのだろうか。

〈周辺症状〉との闘い、そして疑問

　認知症の人が発する際限のない質問と確認、帰宅願望、もの盗られ妄想、徘徊、介護拒否、せん妄、暴力・暴言、異食…など、それが認知症の人の周辺症状であると多くの介護職員は理解している。それが、記憶障害をはじめとする中核症状に原因があるとも教えられた。その行動には認知症の人のその人なりの理由や目的があり、不慣れな生活環境や私たち介護職員の不適切な対応にその誘因の可能性があるといろいろな研修で学んだ。それが脳に器質障害があり、記憶障害によって覚えらえないこととともに、見当識障害、理解や判断する力の低下、実行機能障害をもつ認知症の症状だと理解している。そして、認知症の人は、そこに自分の居るべき意味や価値を感じず、またそこに居ることに耐えかね、目の前の人から逃れようと、自分を守ろうとしてさまざまな反応を示す。介護職員は、目の前に現れる認知症の人のその不可解な言動を〈周辺症状〉と捉え、その症状を緩和し、穏やかに、落ち着いてもらうことに意識を向ける。しかしその意に反して拒否され、うまく誘導できず落ち着いてもらえないと、何とか気をそらし、適当なうそでかわし、ごまかしてその場をしのごうとする。それでうまくいくときもある。しかし多くの場合、それでも落ち着いてもらえず、業務に支障を来たさぬようにとさらにその場をしのごうとうそをつく。刻々と過ぎる時間と業務に焦りを覚えながら、認知症の人に対応することに職員は疲弊していく。こうして認知症の人と介護職員の意識のズレが狭まることはない。

私の体験した認知症ケア

　私は、認知症の人が'痴呆症'と呼ばれ、介護職員が'寮母'と呼ばれていた頃、高齢者介護施設（以下、「介護施設」）に入職した。認知症のことは何も知らない、何も分からないまま認知症の人のケアに携わるようになった。介護施設では50人の利用者のうち8割以上が認知症の人であり、

いろいろな症状の人がいた。つなぎの服を着て施設を歩き回る人、いつの間にか施設を抜け出し遠方で保護された人、ナースコールを握りしめ一晩中「助けてください」と呼ぶ人、「ウウウ…」と何を言っているか分からない人、なんでも口に入れる人、いつも怒っている人、ニコニコしながらいつもごそごそと何かを手で探っている人、同じ話を繰り返す人、服を盗られたと介護職員をののしる人、杖を振るって介護職員を打とうとする人など、初めて接する認知症の人の独特な雰囲気に圧倒された。

［オムツ交換］

そこでまず新人職員として覚えることは、シフト勤務で何を〈業務〉として行うかという〈スケジュール〉である。何時にオムツ交換に入り、何時までに離床させ、お風呂の着替えを準備し、何時からは配膳をし、誰の食事介助をしてなどと一日の細かいスケジュールを覚えていく。その〈業務〉が終えられていないと他のシフトに迷惑をかけると先輩に注意される。同時に先輩に付き添い、一人ひとりの食事、排泄、入浴の三大介助を覚えるのだ。利用者個々に応じた対応の方法をメモしていく。なぜそうするのかという理由よりもそうしなければ〈現場が回らない〉ことを身体で覚えていく。利用者一人ひとりに合ったオムツ交換の細かい手順や移動の仕方などを先輩のやり方を見よう見まねで覚えていく。大きな布オムツを何枚も抱え、オムツの台車を押し、ポケットのボロボロになったメモに目を通し、オムツの当て方を確認し、ベッド周りのカーテンを閉め「すいません、すいません」と言いながらオムツを手早く換えていく。認知症の末期で話もできなくなった寝たきりの女性は、オムツを変えるたびに、股間を隠そうとギューッと手を伸ばす。また別の人はオムツを変えようとすると「ありがとう、ありがとう」と手をたたきながら私の腕を爪でギッとつまむ。もう、腕はアザだらけだ。「やめんか！」と大きな声で怒鳴られ、大きな拳で殴られる。それでも「すいません、すいません」と言いながらオムツを交換し続けた。できるだけ「手早く、手際よく、正確に、一人でも多く」のオムツを替え終わらせる。当時は認知症の人の「羞恥心」という言葉は何度も聞いたが、〈認知症の人の苦しみ〉とは聞いたことも考えたことも

なかった。

　つなぎ服を着せられ徘徊する認知症の人の機嫌をとり、いつも口ずさむ歌を謡いながらトイレに誘導する。そこにはオムツ交換役の先輩が、待っていましたとばかりに認知症の人の背後に回り、「ごめんなさいよ」とズボンを降ろしオムツを変えていく。認知症の人が「何するのか」と激しく怒り出す前に手早く交換していく。本人は、「何するの、やめなさい」というが、動かないように両手をしっかりつかんだ私は「すいませんね。大丈夫ですよ、すぐに終わりますから」「今日は、お孫さんは来ないかな」などと機嫌をうかがい、気を逸らせ、オムツ交換という業務をこなしていく。

［入浴介助］

　お風呂に誘うと「お風呂？　あんたが入りなさい」と拒否される。どうしたものかと考え込んでいると先輩が慣れた様子で話をし、手をつないで連れていく。先輩にその方法を尋ねると「経験よ」と言う。その雰囲気を醸し出せない私は、顔は笑いながらも必死な目つきでさらにお風呂に誘う。椅子に座ってしまえば動かなくなるから、椅子を遠ざけ、認知症の人の腰に手を回し、「さあ、さあ、お風呂！お風呂！」と、認知症の人の意志とは関係なく、入るときは怒っていても湯上りは気持ちよかったとニコニコするのだからと追い込むように浴場に向かって誘導していく。

　当時の私の認知症の人への対応は〈いかに認知症の人の気をそらし、うまく誘導し、段取りよく業務を回す〉かに注がれていた。先輩から、寮母は役者であれともいわれた。認知症の人が娘の名を呼べば、先輩寮母は娘になり、「母さん、元気だった？」と親子の会話をする。その場を認知症の人の世界に合わせ、その相手を演じる。そうやってうまく相手に合わせ、傷つけないように立ち振る舞い、それで認知症の人が落ち着くのであれば、安心するのであれば、そのとき笑顔で語らえるのであれば、それで誰も傷つかなければよいのだ。そうやって、うまくその場をしのぐことを覚えていった。

［電話］

　そんな程度にしか考えない私でしたから、「家に帰りたいから電話をかけて」などと言われると一緒に詰所に入り、認知症の人を電話機の目の前

に座らせ、「はい、どうぞ」と受話器を渡す。受話器を耳にあて「もしもし、もしもし」という認知症の人が、「誰も出ないね」と言えば、「娘さんも忙しいのかもしれないね」と薄っぺらい困ったような表情を浮かべて、「じゃあ、またあとでかけなおしましょう」という。また別な利用者が「家に帰るから」といえば、「娘さんに電話をしてみましょう」と詰所から事務所の女性の事務員さんに電話をして「○○さんの娘さんですか、○○さんがお話があるそうです」と言って電話を替わる。すると事務員さんはいつもの通り「お母さん、どうしたの？　私も仕事が忙しいのよ。ごめんね。今日は帰りが遅いからそこに泊まってね」と話す。認知症の利用者は「娘がここに泊まれっていうの。仕事だって」と肩を落とす。その姿をみながら私は（今日は何回こんなことをするんだろう）と思っていた。別な利用者が「息子に電話をするから」と言えば、同じように電話機の前に座らせ「はい、どうぞ」と受話器を渡す。困った表情の利用者に「電話しないの？」というと、「電話番号が分からない」という。「電話番号がわからないんじゃあ、電話はかけられないね」「あんたは知らないのか？」「私は、○○さんの息子さんの顔も電話番号も知らない」といい、「また、電話番号を思い出したら、いつでもどうぞ」などと言っていた。

　今考えれば、まったくひどい話である。しかし当時はそれが悪いともおかしいとも考えなかった。認知症の人の体験などとは考えることなく、この場を収め、その場を興奮させずにどうしのぐか、やり過ごすかばかりを考えていた。このような対応を繰り返す私の思いの底には、どこかの研修で耳にした「認知症は、普通のもの忘れと違い、忘れることを忘れる」「病識がない」などの言葉から「認知症の人は何もわからない、わかるはずがない」という認知症を病気、症状として捉えていたのだろう、そのようなことを思っていたのだと思う。きっと、認知症の人の言動に対応し、どうやってうまくいなし、かわし、ごまかし、うそをつき、その場をしのぐかということばかりを考えることに明け暮れていた。当時の私は認知症の人の対応に苦しんではいなかった。認知症の人の苦しみに気づかなかったし、職員としての自分の苦しみにも気づくことはなかったのだ。

[傾聴]

　ある日の昼食前、食堂の椅子に座り認知症の人と話をしていると配膳車が送られてきた。認知症の人に「今から、仕事に行ってきますね」と言って、食事の準備に立ち上がったとき、主任に呼び止められた。主任に「あなたの仕事は何か？」と問われた。「今からの食事の配膳です」と答えたら、「あなたの仕事は食事の配膳ではない、お年寄りの話を聴くことです」と日頃は温和な主任に厳しく注意された。日々、同じことを繰り返すことに慣れ、業務をこなし、現場を回せるようになった私には、主任が言ったことの意味が全く分からなかった。排泄、入浴、食事の三大介助が介護の仕事ではないのか。シーツ交換をし、ベッドを整え清潔を保持する。オムツを準備しオムツ交換をする、着替えを整えうまくお風呂に誘導する、掃除をし、配膳し、食事介助をする。時間が余れば簡単なレクリエーションをする。ナースコールは「命の綱だ」と教えられ、一日中鳴りやまないナースコールに我先にと飛びつくように反応し、現場を走り回る。業務をこなし、用件を済ませ、現場を回すことが寮母の仕事ではないのか。日々の記録には、入浴、排泄、食事をチェックし、認知症の人の様子を徘徊、帰宅願望、失禁、異食、暴言、暴力、無気力、不穏、興奮状態、意味不明…などの言葉でつづり、何を書くのかとも、なぜ書くのかとも、どのように書くのかとも考えることもなく、起こった出来事を見聞きした専門用語を模倣して連ね、書きとめ、何もなければ「特変なし」と記載していく。それが寮母の仕事ではないのか。問題行動の症状を見て、症状に対応するために、説明し、励まし、そしてごまかし、かわし、すかし、うそぶき、スルーし、その場をはぐらかし、取り繕い、やり過ごしていくということをしながら、その時々のスケジュールを滞りなくこなしていく。そんな私に「寮母の仕事は、お年寄りの話を聴くことです」と言った主任の言葉は、「何か怒られた」くらいにしか思えず、その意味を問うこともなく、いつしか私の記憶の奥底に沈んでいった。

[人形]

　一日中施設を徘徊する認知症のAさんがいた。介護職員は徘徊を止め

させ、無断で外出しないようにする試行錯誤を繰り返していた。交通量が多い表道に出ないよう安全を確保するためにドアにはＡさんの手の届かないところに鍵を付け、自動ドアを手動にし、ひとりでは開けることができないようにした。生活背景の聞き取りから「子供好きで孫をかわいがっていた」という情報をもとにＡさんの孫に見立てた大きな人形を抱かせ、おんぶひもで背負わせた。介護職員は人形の洋服を手作りしてＡさんが布団に入るときには隣に人形を寝かせ、小さな毛布を掛けてＡさんと孫の世界を作っていった。「Ａさん、〇〇ちゃんはかわいいね」と寮母が言えば、「ありがとう、よかったね。〇〇ちゃん」とＡさんは人形の頭をなでる。お茶の時間になれば「〇〇ちゃん、のどが渇いたでしょ、お茶を飲みなさい」と、やさしい声で語りかけながらＡさんは人形にお茶を飲ませ、スプーンでご飯を食べさせた。介護職員はＡさんがトイレ誘導を拒否すると人形を持ってきて抱かせ機嫌がよくなったところでトイレに誘導する。食事に誘導しても「あんたが食べなさい」と拒否されると介護職員は人形を連れてきて「〇〇ちゃんと一緒にご飯食べようね」と誘う。Ａさんにとって人形は大切な孫の〇〇ちゃんであり、介護職員にとっての人形はＡさんの徘徊を抑制し、機嫌よく誘導するための道具であった。

　ある寒い日の朝、人形をあやしながら玄関に立っているＡさんに、出勤した私は「〇〇ちゃんは風邪ひいていませんか？」と尋ねた。するとＡさんは「人形は、風邪なんかひかない」と、私に奇異な視線を向け、「この人はおかしなことを言うね。〇〇ちゃん」と答えた。私はギョッとして耳を疑った。Ａさんにとって人形は孫の〇〇ちゃんではなかったのか。そう信じていたのではなかったのか。私は言葉にならない違和感をもった。Ａさんはこれまで私たち介護職員の言葉や態度をどのような想いで聞いていたのだろうか。人形を抱き、あやしていた一見穏やかに見えるＡさんの表情はなんだったのだろう。〈認知症の人＝何もわからない人〉として関わってきた私に、これまでの自分の認知症の人への対応に大きな疑問とこれまでには味わったことのない胸が締め付けられるような妙な感覚がせりあがってきた。そしてはじめて疑問がわき、この事件は私の認知症の人

への関わりはこのままでよいのだろうかと深く考えるきっかけとなった。

認知症ケアとは何なのか？

　2000年に介護保険制度が施行され、2004年に'痴呆症'という用語が'認知症'に変更された。認知症対応型共同生活介護（グループホーム）が、認知症ケアの切り札だといわれて全国に開設され、今まで何もわからない、何もできないと思い込まれていた認知症の人が介護職員に支えられながら施設で生き生きと暮らす姿が映し出された。職員に見守られながらお米をとぎ、ご飯を炊き、包丁をもって野菜をきざみ、みそ汁を作る。布団を干し、ほうきを持って掃除をする。畑に出かけ野菜を収穫し、店に出かけて買い物をする。パチンコに行き、観劇もする。地域の寄り合いに参加し、昔通っていた習い事を再開する。共同生活の中でお互いを気遣うなど、グループホームでの生活体験そのものが認知症の症状の進行を緩和するのだと全国から報告された。認知症の人の感情は豊かに残っている。そして今ある現実を受け止め、必死にわかろうとしている。介護職員の不適切な対応に対して不安や焦りをもち、混乱し、怒り、反発し、自分の世界を保とうと取り繕うのだといわれ、だからこそ認知症の人の自尊心に配慮した対応が大切だと言われるようになった。

大規模介護施設から小規模施設への変化

　大規模介護施設も介護単位を小規模化したユニットケアが主流となった。施設で認知症の人が暮らしを感じることができるよう、〈なじみの環境〉としてさまざまなしつらえが加えられた。これまでの見通しよく管理しやすい環境や設計、認知症の人が歩き待っても困らないとされた回廊式の環境から、プライバシーに配慮し、ゆるやかに視線を遮ることができる環境に視点がかわった。ユニットに玄関ができ、採光が配慮され、キッチンや周囲との関係を保つ空間がユニットの中に設けられた。介護職員のた

めの管理や安全性、機能・効率・利便性から、認知症の人が主体的に生活し、行動を選択できる環境への変革である。また、グループやユニットという10人ほどの小人数の単位構成によって職員と認知症の人との間合いが近くなった。その結果、介護職員が長年の経験で身に着けた大規模施設の集団処遇として業務を回し、職員を中心に利用者とコミュニケーションをとり、職員の都合で、介護職員の間合いでかかわってきた対応では、認知症の人のケアが上手くできなくなった。認知症の人との間合いが近くなることで、どう対応してよいかわからないという戸惑いの声が多く聞かれるようになった。年長の介護職員は、自分のペースで業務ができない、待てない、動けないことで認知症の人にどう対応していいのか苦しんだ。手を出しすぎず、手を出さなさすぎずという塩梅と、認知症の人の機能をアセスメントし見極めた対応が求められたが、これまで業務中心で何でも認知症の人の先回りをして手を出してきた職員は、認知症の人との間合いが近くなることで逆に介護の自由度が上がることに対応できないジレンマに苦しんだ。また、対人援助技術の大切さがクローズアップされ、さまざまなコミュニケーション技術研修が紹介されたが、長年の現場経験で身についたごまかし、かわし、すかし、うそぶき、スルーし、その場をしのぐという認知症の人への対応は、なかなか変えられないという現実とも対峙することになった。

周辺症状との職員の戦い

　深夜になると起き出し、廊下に出てきて「子供を見なかったか？　どこに行ってしまのか」と子供を探し回るBさん。夕方に挨拶を交わしたときいつものBさんとちょっと違う様子を察し、夜勤の介護職員は「今夜は、戦いだ」と覚悟を決めるという。そして予測の通り、深夜に「子供がいなくなった」と目を見開き興奮気味に尋ねてきたBさんに対し、職員は現実を説明し納得してもらえるように対応する。「周辺症状」は介護職員にとってケアではなく戦いだという。認知症の人が示す周辺症状は、認知症

の人にとっては意味ある体験であっても、介護職員にとっては不可解な言動であり、それをあの手この手でしのぐ対応はまさに症状との〈戦い〉であるという。認知症ケアの研修で認知症の医学的な知見や症状の成り立ちをいくら学んでも目の前に繰り広げられる認知症の人の周辺症状は、介護職員には自分を困らせる〈問題行動〉として現れ、落ち着いてもらうために原因を探り対応を工夫し、ひたすら問題を解決しようと考える。しかし、日々その周辺症状が介護現場に現れ続けると、介護職員は、また始まったとばかりに症状との戦いに身構え、挑み、収まることのない問題行動にさらに反応し、ケアの見通しも立たぬままどう対応していいか分からず、さらに症状を抑えようと説明し、励まし、なだめ、そしてごまかし、かわし、すかし、うそぶき、スルーするという「痴呆」や「寮母」の時代から脈々と受け継がれ身につけた、旧態依然とした認知症ケアを繰り返す。その結果、認知症の人との関係は空回りし、日々繰り返される認知症の人への対応は何も変わらない。そもそも自分は認知症の人に何をすればいいのか？　なぜ？　どのように応対すべきなのかと振り返ることもせず、ケアとは何か、なぜ、どのようにと考えることもなく、職員はケアの実感のない自らの対応の無意味、無価値、無能、空虚から目を背けるようにさらに業務に没頭していく。これが現場である。

学生の施設実習記録から見える認知症ケアの現実

　介護施設の認知症ケアの現実。これらのことは介護福祉士を目指す学生の施設実習記録からも垣間見ることができる。

　「『家に帰らないとね』と言い、帰り支度をしている。その時の職員さんの対応は『雨が降っているから今日は帰れないので泊まってください』『今日は、迎えが来ないから泊まってください』などであり、初めて認知症の方の帰宅願望に対する声かけを見た私は衝撃を受けた。雨が降ったら家に帰れないのか。認知症の人は家に帰れないということを理解できなかったとしても、言われたことが感覚的に嫌だと残れば、認知症の人は介護職員

のことを嫌な奴と考え、嫌いだという感情が芽生える。そうなれば、認知症の人の介護拒否の反応が見られ、それが分からない介護職員は、どうして拒否するのだろうかと思うだろう。お互いの関係はよくない方向に進んでしまう。むしろ、ウソやごまかしはしない方がいい。介護者側のウソやごまかしをしてしまったという罪悪感も軽減し、認知症の人の馬鹿にされている、下に見られているという思いを感じなくなるのではないかと考える」

　もうひとりの学生は、「『お腹が空いたので何か食べさせてください』『何か飲みたい』『お姉さん何かください』とその方は懸命に頼んでいたが、帰ってきた介護職員さんの言葉は『もう何もないよ』『もう、食べたでしょ』だった。この方は異食行動があるために、フロアー全体もこの方が手の届くところには物は置かれていない。冷蔵庫や棚の扉にはストッパーが付けられ、台所に入ろうと思っても、椅子や机で入り込めなくしてある。ティッシュペーパーも食べてしまうのでテーブルには何も置いていない。もちろんその方が使うトイレの中も紙は置かれていない。部屋のタンスの引き出しを開けてみても何も入っていない。きれいな花が咲いていても、ちぎってしまうのでそこまでたどり着けないようにしてある。その空間の中での暮らしは、苦しくてもどうすることもできないのだろう」

　これらは介護福祉士を目指す学生が初めて体験する認知症ケア現場の現れである。そこには、授業で習った認知症の中核症状も、周辺症状も、評価スケールも、環境調整やコミュニケーション技術も尊厳も人権も全く通用しない現実の世界があり、学んだ知識を意味あるものとして感じることのできない認知症ケアの現実がある。実習先の介護職員も問題行動を症状として捉え、症状を抑えようとする対応が意味あることではないとわかっているのかもしれない。繰り返される症状にどう対応すればいいのかわからず、こうすることが決してよい方法ではないこともわかっているであろう。しかし現実に繰り返される症状にどう対応すればいいのかは、実は職員もわからない。さまざまな知恵を出し合い工夫を講じても対応できない自らの苦しみを避けるようにひたすら症状を抑えようと業務に邁進する介

護職員の苦しみの姿が学生のレポートからも浮かび上がってくるように思うのだ。

パーソン・センタード・ケア

　介護職員の「どう対応したらいいか、わからない」の声には職員の苦しみがあふれている。認知症の人の繰り返される訴えや対応できないニーズに苦慮し、なんとかその場をしのごうとするが問題解決の糸口は見えず、介護職員は悩み、焦り、認知症の人にわかってもらえないと苦しむ。認知症ケアの研修などでは、介護者の不適切なケアの一因として、認知症についての正しい理解が不十分であることが挙げられ、正しい認知症の知識の習得から研修は始められ、認知症の定義、種類、病態、症状、予後などを詳しく学ぶ。そして介護職員が現場で困っている周辺症状の対応には、それぞれの症状の特徴の説明と症状の現われは認知症の人それぞれ百人百様であり、その人なりの原因や目的があると説明され、画一的な対応ではなく、その都度の柔軟な創意工夫が大切であると示されるが、それで具体的な応対の方法が示されることはあまりない。どれほどの詳しい認知症の医学的に正しい知識を得たとしても、認知症と薬の関連の講義を聞いたとしても、周辺症状の特徴や原因は人それぞれだと言われても、認知症ケアの現場でひとりの介護者として認知症の人に相対するときの対応は、「ケアなきケアの時代」と言われた介護保険施行前と比べてもあまり変わりはないように見えてしまうのはなぜなのだろう。

　さらに2000年代は、認知症ケアの理念を‘パーソン・センタード・ケア’としている。パーソン・センタード・ケアは、「その人を中心にしたケア」「その人らしさを大切にしたケア」「本人の物語を大切にしたケア」などとさまざまに訳されて、広く認知症ケアの実践者の理念として広まっていった。そして認知症ケアの現場では、‘パーソン・センタード・ケア’と‘寄り添う’のイメージが結び付き、〈寄り添うケア〉が巷にあふれた。認知症ケアの研修で講師は、「パーソン・センタード・ケアの理念を実践しよう」「寄り添うケアを

身につけよう」とスローガンを唱え、いろいろなワークショップが開かれた。しかしその研修で、〈もし私が認知症の人だったら〉と立場を置き換えて認知症の人のニーズを考えてみても、家族から現場にいる認知症の人の生活史の話を聞いて、より詳しくその人の物語を知ったとしても、認知症の人の真のニーズは浮かび上がることはなく、結局は、（なんとなくそんな感じかなと）これまで出会ってきた認知症の人の様子を想い出しながらワークシートを埋めていく。パーソン・センタード・ケアとは何か、なぜ、どのようにすることなのかは、いくら聞いてもあいまいなまま、「その人らしさを大切にすることですよね」「寄り添うケアですよね」と言って、研修の場をとりあえずしのいでいく。さまざまな研修を受講しても、現場のケアの状況は変らない。介護職員はパーソン・センタード・ケアとは何？　と問われても、自分の行為を意味づけ言語化できないまま、「その人らしさを大切にして」「寄り添ってみて」「なじみの関係が大事だから」などと、さらにその場をしのいでいくのだ。パーソン・センタード・ケアと現場のケア実践、そして認知症の人の体験とがかみ合わない空回りの連続である。

　そのような現場に対して、パーソン・センタード・ケアの理解が不十分であると、介護職員一人ひとりのアセスメント力の弱さを指摘されるが、現場の空回りは果たしてそれだけが理由なのだろうか。現場からみて、パーソン・センタード・ケアという言葉が広く介護現場に浸透していく一方で、その理念の意味と現場の認知症ケアの実践の乖離は介護職員にとっては深い霧の中をさまようような苦しみなのである。

　パーソン・センタード・ケアについては本書の第7章で詳しく述べられているので、ここでは深く立ち入ることはないが、パーソン・センタード・ケア認定トレーナーであり、認知症介護研究・研修大府センター研究主幹であった水野裕は、その著書で「'パーソン・センタード・ケア'を「その人を中心としたケア」と訳し、その理念の根幹をなす'パーソンフッド'という概念を「その人らしさ」と訳しました。(中略)「その人を中心としたケア」や「その人らしさ」は、あくまでも日本で考えた認知症ケアの理念であり、トム教授のいうパーソン・センタード・ケアとは異質な

ものであることを強く意識するようになりました[1]」と述べている。また、
「この考え方によりケアが楽になるわけではありません。（中略）方法や手
段、テクニックではありません。（中略）うまくやれる、問題が解決する
ということではありません。逆に負担を覚え、大変になるかもしれません[2]」
とも言っている。私たち介護者がさまざまな研修等で説明され、指導され
ているパーソン・センタード・ケアのイメージは、日本語に訳され、日本
語として解説されていく中で、少しずつ、言葉を変え、形を変え、意味を
変えて伝わっているパーソン・センタード・ケアというものである。現場
はそれを学んでいるのだろう。その私たち介護者の思い込みのケアのこと
を、水野は「えせパーソン・センタード・ケア」や「パーソン・センター
ド・ケアもどき」とも述べている[3]。

パーソン・センタード・ケアで介護職員の苦しみが和らいだのか？

　「ケアなきケアの時代」からずっと認知症ケアの現場で苦しんでいた私
たち介護職員は、パーソン・センタード・ケアに将来の光を見たのは確かだ。
パーソン・センタード・ケアを学べば、あるいは実践できれば、認知症の
人の問題行動も不穏も収まり、認知症の人にも穏やかに暮らしてもらえる
のではないかと期待もした。ちょうど時代は、大規模集団処遇からグルー
プホーム、ユニットケアの小集団のケアへの大きな転換期を迎え、'その
人らしさ''寄り添い''なじみの関係'などという言葉は認知症ケアに大
きな可能性を示唆したように思えた。軽度から中度の認知症の人が台所に
立ち、スタッフに支えられながら料理や掃除などの家事をスタッフと一緒
にする生き生きとした姿は、「認知症の人は何もできない、分からないは
ずの人」として捉えていたこれまでの姿とは大きく違っていた。これが本
来目ざすべき認知症ケアなのだと、当時の私たちはそこに未来の姿を見た。

1　水野裕『実践パーソン・センタード・ケア』株式会社ワールドプランニング，2008年，p.3
2　水野裕，同上書，p.4
3　水野裕，同上書，p.4

まさに痴呆から認知症へ。居酒屋で語るお客の老夫婦までもが「痴呆じゃなく認知症というんだよ」と話していた。そして数年を経て社会は「痴呆症」を「認知症」に刷り直した。しかしそのあと、認知症ケアの現場で苦しむ介護職員の私たちが体験し、実感した現場のパーソン・センタード・ケアとはどのようなものであっただろうか。私たちのいう'その人らしさ''個別ケア''寄り添い''なじみの関係'は、認知症の人の体験として、どのように現れていただろうか。

利用者の笑顔は無償の対価？

　ある施設のスタッフルームに「パーソン・センタード・ケア」と大きく書かれた貼り紙があった。案内者は当事業所の理念だと教えてくれた。現場では介護職員さんの隣に利用者が座って、職員さんはいろいろな話題を認知症の人に声かけをしながらおしぼりを手際よくたたんでいた。しかし利用者の反応は薄く、その沈黙を覆うように介護職員はさらに話題を広げていく。

　この施設では、朝礼時に理念を唱和しているという。職員さんにお話を聞くと、「パーソン・センタード・ケアは理想ですからそれに近づけられるように頑張っている」という。「どのようにして、そのひとときを楽しく過ごしてもられるかを考え、利用者が心を開き、笑顔になれるように話をしている」「笑顔になってもらえると私たちもうれしいですから」と教えてくれた。しかし私には、パーソン・センタード・ケアの目的とケアの評価として、利用者が穏やかに、笑顔であることに介護職員の意識が向けられていることに疑問を感じずにはいられなかった。それが本当に私たち介護者が目指すパーソン・センタード・ケアの目的であるのか、その評価でよいのだろうかと。利用者の笑顔やありがとうの言葉が、介護職員のモチベーションになっているし、利用者の笑顔が自分の実践の評価であり無償の対価であると多くの介護職員が言っていることも現実である。しかし本当にそれが介護者が認知症の人から受ける無償の対価なのであろうか。

変わらぬ業務対応

　一方で、この施設の管理者はパーソン・センタード・ケアの理念が現場に浸透しないことに悩んでいた。食事の時間に利用者、職員が集まると職員の会話がテーブルに座る認知症の人の頭の上を飛び交う。車いすの利用者が立ち上がろうとすると「おしっこ？！　ちょっと待っていてね」と注意喚起するように声をかけ、またしばらくして利用者が立ち上がろうとすると「おしっこね」と、相手の話を聴く前にトイレに誘導していく。その様子を見ていた管理者がふっと「最近、あの方は職員とおしっこ以外の話をしたことがあるのだろうか」とつぶやいた。失禁をさせてはいけない、ご本人も気持ち悪く嫌な思いをするだろう。そのような想いで声をかける職員は「おしっこって言えば、相手もおしっこと言う。なんか悪いの？」と言う。

　相手の生理的なニーズに応えることがなぜ悪いのかと問われれば、管理者も返答に困る。しかし管理者の意図はそこではなく、その対応するスタッフの言動に潜在する無自覚の業務志向と、認知症の人は困った人であり、手のかかる人、迷惑な人としての現れは何なのか、認知症の人は転倒する危険な人、安全管理が必要な人であり、そもそも常に見守りが必要な何もわからない人という、常に業務に潜在する安全管理志向を介護職員に問いかけたいのであろう。

　ある事業所のケアマネージャーさんから、訪問介護の依頼を受けた。同行訪問をすると、自宅のコタツに座り、険しい表情でこちらをにらんでいるひとり暮らしの認知症の人がいた。ケアマネージャーさんからの事前情報は、アルツハイマー型認知症で猜疑心が強く、気難しい性格だということと、これまでもいくつかの訪問介護の事業者が入ったが長く続かず、今回で３カ所目の変更だということであった。

　ケアマネージャーとしては、その方の身体的、精神的、社会的、その人らしさを紐解く生活史などの情報を収集し、ケアプランを立て、介護サー

ビス事業所に情報の提供をする。そのアセスメント情報から、「昔は友達に○○ちゃんと言われていたらしいから、機嫌が悪いときには『○○ちゃん』って言って機嫌を取りながらするとうまくいくときもある」と業務が時間内に遂行できるような情報を提供してくれる。もちろんケアプランには、そのようなことは書いてはいない。しかしケアマネージャーは、その人にとって皆に「○○ちゃん」と言われていたことがどのような意味であり、その○○ちゃんという言葉がその人の自己の世界を再構成するためにどれほど大切な言葉であるかなどと考えることもなく、これは業務遂行のための対処の裏マニュアルとばかりにアドバイスをするのだ。いつまでたっても認知症の人は、困った人、難儀な人、手のかかる人であるのだ。

パーソンフッドと〈その人らしさ〉

　パーソン・センタード・ケアが伝えたかったパーソンフッドは〈その人らしさ〉と言葉を変え、特に介護分野で認知症ケアの現場に浸透していった。〈その人らしさ〉という言葉の道具を手に入れた認知症ケアの現場の職員は、業務を妨げる症状を持つ認知症の人をいかにコントロールし、業務を円滑に遂行するために〈その人らしさ〉を利用する。笑顔で、落ち着いて、穏やかにしてもらうために〈その人らしさ〉は本来のパーソンフッドの意味から独り歩きし、業務を回すための新たな道具となって認知症の人に〈その人らしさ〉を押し付ける新たな拘束になっていったのかもしれない。

　脱衣室の前でおむつカバーのみで裸になってバスタオルをかけられ、順番を待つ利用者の列という、かつての介護現場で目にしていた光景は今は見られなくなった。認知症の人が車いすの安全ベルトに巻かれ、介護職員と一緒にスタッフルームで職員の監視下におかれるような場面を見ることも少なくなった。ご飯に薬をふりかけ、食事を介助されることも、介護職員がひとりでテーブル越しに同時に数名の認知症の人の食事介助をするような場面もなくなった。ドアやカーテンを開けっぱなしでオムツ交換をす

るようなこともほとんどないだろう。しかしそのような行為と、その人が
大切にしてきたその人の世界を〈その人らしさ〉という言葉で業務を遂行
するために利用し、業務を円滑に遂行しようとすることに、かつての業務
志向の介護行為とどのような意味の違いがあるのだろうか。結局は業務の
ための〈その人らしさ〉なのではないだろうか。

今も変わらぬ認知症の人の姿

　ある介護者が自分のネームプレートを裏返しにしてポケットに差し込ん
でいた。間違ったのかなと思って、「ネームが反対ですよ」と教えるとそ
の介護者は、ばつの悪そうな顔をしてその場から去っていった。後から聞
くと、患者さんに名前を覚えられると何度も繰り返し名前を呼ばれるので、
覚えられないようにその患者さんにかかわるときは、ネームを裏返したり、
外したりするそうだ。介護とはなんだろう？　看護とはなんだろう？　パー
ソン・センタード・ケアとは？　私たちが認知症の人から問われているケ
アの意味とは何なのだろうか？

　認知症の人は「わからない人、意味不明なことを繰り返し言い、不可解
な言動をする人、何も訴えない人、訴えられない人、業務を妨げる人」な
どという介護職員に現れる認知症の人の姿は、何も変わっていないのでは
ないだろうか？

苦しみを和らげる認知症ケア

　認知症ケアの現場に蔓延する業務思想、症状緩和、問題解決、ニーズ対
応、ケアマネジメントなど、現場を席巻する激しい濁流は、今、この瞬間
も認知症ケアの現場を飲み込んでいる。そしてその濁流は、パーソン・セ
ンタード・ケアさえも、押し流し、飲み込み、それらがひとつとなって濁
流は激しさを増し、介護職員を苦しめ、認知症の人も押し流し、苦しめて
いる。

　「どうしたらいいのかわからなくて、それをどうしていいのかもわからなくて苦しいです」と言う認知症ケアに携わる介護職員の言葉は、その濁流に飲み込まれまいと必死にあがき、葛藤し、それでも流され、疲弊し、あきらめ、認知症ケアの意味を見失い、援助者としての価値を喪失し、虚しさ、孤独の苦しみの叫びをあげている声として響いてこないだろうか。そして、それは私たちには届かない認知症の人の苦しみの叫びの声とも聴こえてくるようだ。認知症ケアの現場に苦しみを和らげる認知症ケアが求められている。

［引用文献］
1　水野裕『実践パーソン・センタード・ケア』株式会社ワールドプランニング，2008 年，p. 3
2　水野裕，同上書，p. 4
3　水野裕，同上書，p. 4

第 2 章
認知症の人は苦しんでいる！

苦しみは体験である〔主題と目的〕

　本書のタイトルは「苦しみを和らげる認知症ケア」である。そしてこの本の目的は認知症の人の苦しみを和らげ、軽くし、なくするケアを紹介し、実践の方法を示すことである。このケアを実践することで認知症の人の周辺症状も収まり、ケアに携わる現場の介護職、医療スタッフ、あるいは介護者である家族の苦しみも和らぎ、軽くなり、なくなると考えている。この場合、'ケア'とは「関係を基礎とし、関係の力を使って相手の想い・願い・価値観が変わるのを支える[1]」ことによって苦しみを和らげる援助をいう。つまり、苦しみを和らげる認知症ケアとは、認知症の人との関係性にもとづき、関係の力を使って認知症の人の苦しみを和らげ、軽くし、なくするケアのことであり、それによって認知症の人のさまざまな周辺症状は緩和され、収まると考えているのである。

　それにはまず、認知症の人の苦しみとはどのようなものかを明らかにしなければならない。しかしこの「認知症の人の苦しみを明らかにする」ということが意外とむつかしい。それは、認知症の人は苦しみをなかなか言葉にしないからであり、それ以前に、そもそも〈苦しみ〉とは本人の体験であってそのような個別の、主観的な、しかも常に流動するような「体験」

1　村田久行『改訂増補 ケアの思想と対人援助』川島書店，2012 年，p. 67

それ自体を捉えるということは困難であるからである。それゆえ〈苦しみ〉はこれまで客観的な認識を基本とする科学の見方では扱われてこなかった。例えば医療や福祉の現場は認知症の人の徘徊や介護拒否、もの盗られ妄想、帰宅願望の訴えといった問題行動（周辺症状）への対策を考えるとき、その症状をできるかぎり客観的に捉えて抑える方策を得ようとするが、その症状を認知症の人が体験している〈苦しみ〉から捉えようとはしない。認知症の人の体験はわからないと思うからである。さらに、研究者がこれらの徘徊や介護拒否、もの盗られ妄想、帰宅願望の訴えなどの周辺症状を研究の対象とする場合も、仮に症状の原因に〈苦しみ〉を想定したとしても苦しみは体験であり主観的なものであって本人以外の誰にもわかりえないものと考えて、客観的な科学ではそのような個別の主観的で流動する体験を研究の対象として扱うことはないと言うであろう。まして介護現場では、徘徊やもの盗られ妄想、帰宅願望の訴えなどにはとっさにその対応を考えるので、それらの症状に潜在する認知症の人の苦しみ（体験）について考えることなどは想定外のことであり、現場で周辺症状の対応に悩む介護者が認知症の人の体験に視線を転じて認知症の人の苦しみを考えるということは不可能に近いほどむつかしいことなのである。

体験は解明できる〔方法論〕

　認知症の人は見当識を失い、意味不明の言動をくりかえすのでそもそも何を考えているのか、何を体験しているのかよくわからない。また、認知症の人がどのようにその体験をしているのか認知症の人の言葉や行動から明らかにするのは無理なことであると思われてきた。しかし体験は解明することができる。それには現象学という方法があるのである。現象学とは、意識の志向性に応じて現出する世界と他者と自己の現れ方（体験）を記述し、分析する哲学であり、それは体験の意味をも解明することができる。現象学の創始者フッサール[2]は広く一般に現象学を紹介する文章で、「体験に視線を転じて、体験を純粋に体験そのものとして経験し規定すること、

これが現象学的見方である[3]」と述べている。ここで現象学的見方といってもそれほどむつかしいものではない。それには文字通り認知症の人の言葉を手がかりにして、認知症の人の体験に視線を転じて、その体験を純粋に体験そのものとして経験し規定すればよいのである。

認知症の人の苦しみ：〈想い出せない苦しみ〉

　それでは、認知症の人の〈苦しみ〉とはどのようなものをいうのであろうか？　現象学にしたがって認知症の人の体験に視線を転じて、その体験を純粋に体験そのものとして考えてみたい。認知症の人の苦しみ、それは〈想い出せない苦しみ〉である。医師の立場からも認知症の人のもの忘れは病的なもの忘れであって、「年齢相応のもの忘れと病的なもの忘れではもの忘れの質が異なる。病的なもの忘れでは経験した出来事全体を忘れてしまうが、年齢相応のもの忘れでは部分的である[4]」といわれている。

　認知症の人は、ここはどこか、なぜ自分はここにいるのかを「忘れた」とは言わない。「もう…何もなくなった。何もわからない」と言う。もしそれを「忘れた」と言う場合、その人の世界とその枠組みはわれわれと同様に存在していて、忘れたことは記憶をたどればいずれ思い出せる。しかし認知症の人の「病的なもの忘れ」では経験した出来事全体を忘れてしまうのであるから、これは自分の生きている体験世界を構成している一部分が、あるいは主要な部分が欠落してしまって、これまでの枠組みそのものが壊れてしまうことを意味している。つまり、認知症の人は体験の一部である時間、場所、他人（ひと）、自分自身を、あるいは言葉すらも想い出せないことによってものごとが意味のつながりを失い、自分の生きる世界を構成できない不明と混乱、不安と緊張という深い苦しみを体験するのである。

2　エトムント・フッサール（1859〜1938）はドイツの哲学者で現象学の創始者。

3　エトムント・フッサール／立松弘孝編訳『フッサール・セレクション』平凡社ライブラリー，2009年，p.95（『百科草稿』H. IX. 257f.）

4　鷲見幸彦：日本看護協会編『認知症ケアガイドブック』2016年，p.4

「世界を構成できない不明と混乱、不安と緊張」を想像してみる

　自分の生きている世界を構成できない不明と混乱、不安と緊張などと言うと、それはまたずいぶん大げさなことを言うと思われるかもしれない。しかし認知症の人は〈想い出せない〉ことによって世界の再構成ができないことがあるのである。世界を構成できない？　世界の再構成って？　…しかしこの説明がなかなかむつかしい。この「世界の再構成」というものはわれわれの日常の体験のなかでも常に行われているのだが、それがあまりに無自覚に行われているので誰もそれに気がつかないからである。それは一瞬のうちに起こっている。しかしその「世界の再構成」ができない不明と混乱、不安と緊張は、少しふりかえれば誰もが容易に認めることができるのである。例えば、仕事で出張し宿泊したホテルで深夜ふと目が覚めたとき、一瞬、あれ…？　ここはどこだっけ？　と思うが、次の瞬間、あぁそうだ、昨日はここに泊まって明日は○○に行くんだ！　と想い出し、安心して再び眠りに就くというようなことはないだろうか。そのとき一瞬、ここはどこで、自分はなぜここにいるのかを見失うのだが、瞬時に強力な記憶力が働いてここがどこで、自分はなぜここにいて、何をしようとしているのかを想い出す。無自覚にではあるが、一瞬見失った世界を次の瞬間に再構成したのである。その結果、安心して再び眠りに就くことができる。これが「世界の再構成」である。しかしこのときもし、ここはどこで、自分はなぜここにいるのか、何をしようとしているのかを見失ったまま想い出せないとすればどうだろう。はたして安心して再び眠りに就くことができるだろうか？　きっと自分の所在とここにいる意味が不明で、何も想い出せない不安と混乱と恐怖で叫びだしたくなるのではないだろうか。自分の生きていた世界を意味のつながりをもって再構成できない！　時間の順序も場所も他との関係もつながりも失って訳が分からなくなった！　そのときの体験はおそらく認知症の人の想い出せない体験と同じく、不安と恐怖と緊張に満ちたものではないだろうか。

　われわれは、例え一時的に世界と自己の存在を見失っても瞬時に強力な

記憶力が働いて、ここがどこで、自分は何をしようとしているのかを想い出すことができる。場所、時間、予定、会う人、仕事の内容を一瞬のうちに想起できて確認できる。これを「世界の再構成」と呼ぶのである。しかしそれがあまりに一瞬のうちに行われるので、この「世界の再構成」はほとんど全くと言ってもいいほどわれわれの意識に上ることはないのである。

認知症の人の世界を再構成できない苦しみ

　しかし「病的なもの忘れ」が原因で、経験した出来事全体を忘れてしまう認知症の人の場合、例えばグループホームで深夜、ふと目が覚めたとき、一瞬、あれ…？　ここはどこだ？　と思い、瞬時に、あぁそうだ自分はここに泊まっているんだ！　と状況を理解して我に返る認知症の人がどれほどいるだろうか。認知症の人はそれが想い出せないのである。そしてここはどこで、自分はなぜここにいるのかが不明となり、混乱して不安になる。目が覚めても、ものごとが意味のつながりを失い、世界の再構成ができないのである。認知症の人の場合それが不穏や立ち歩きのもととなる。通常の健常な人が堅固で強力な記憶力で自分の今いる場所や理由、予定を瞬時に想い出せるのとは違い、このときの認知症の人は自分のいる場所、理由、意味を想い出せず、世界と自己の存在は不明となり、すべてが混乱して、強い不安のなかで意味のつながりを求めて必死に動き出す。しかしそれが職員や介護者には「不穏」となり、「徘徊や妄想」として現れてしまい、今度は職員に静かに！　と抑えられ、ますます不安と混乱は強くなる。認知症の人は体験の一部を丸ごと想い出せないのである。それゆえ認知症の人の〈想い出せない苦しみ〉とは、経験した出来事、その場所、理由、意味などを想い出せないことで、日常を生きる世界の土台そのものが意味のつながりを失い、再構成できない苦しみであるといえるであろう。

言葉を想い出せないことも世界を構成できない苦しみを生む

　経験した出来事全体を忘れてしまう病的なもの忘れからの〈想い出せない苦しみ〉は、その人の世界を構成している時間、場所、人、思い出などがそのつながりを失ったまま生きる苦しみでもある。それに加えて、特に言葉を想い出せないときは、さらにものごとの意味のつながりが失なわれ、自分の生きる世界を再構成できないことになる。このような認知症の人の苦しみは決定的で深い。

　言葉で世界を構成し確認して生きているわれわれは、それがごちゃまぜの言葉のかたまりになるとどうなるだろうか。アルツハイマー病患者のクリスティーン・ボーデンはその状態を次のように表現している。「私の「どろどろした糖蜜のような脳」の内部で、言葉がごちゃまぜになっている感じときたら、まるで、頭の中に言葉の本棚があって、話題等によって適当な場所にすべてきちんと整理されていたのに、床に押し倒されて、ごちゃまぜのひとかたまりになってしまったようで、それを分類し直して、その中から自分の言おうとする言葉をさがし出そうとしているようなものだった[5]」。

　われわれは言葉で自分の認識を示し確認できる。しかしもしその認識を示す「言葉」を想い出せないとすれば、たとえ私とは何者で、ここがどこで、何のためになぜここにいるのかが感じでわかっているとしても、言葉がごちゃまぜのひとかたまりになってしまったなら、そのかたまりの中から自分の言おうとする言葉を探し出そうとしてもなかなか探し出せない。焦りと混乱のなかで言葉を取り違え、意味のつながりを失って、時間と場所と自分がするべき動作がわからなくなり、世界を構成できなくなってしまうのである。

　再び、クリスティーン・ボーデンの娘たちとの会話を引用しよう。「その時、何歳だった？」私は（4歳半だったと言うつもりが）「4時半だった

5　クリスティーン・ボーデン『私は誰になっていくの？』かもがわ出版，2003 年，p.91

わ」と言って、何か変だと気づいて言うのを止め、すぐにみんなでどっと笑いだしてしまった[6]。彼女はその場にふさわしい言葉を想い出せず、言葉を適切に使えない、あるいは操れない。ものごとを秩序立て、順序にしたがって話せないし把握できない。自分でものを整理して考えることができないのである。認知症の人は料理が苦手だという。手順に従った動作も、納得できる表現も言葉で確認できない。つまり、自分の生きている世界を再構成できなくなってしまうのである。これはオーバーな言い方と思われるかもしれないが、実際にそうなのである。

われわれは言葉なしに世界を把握できない

　われわれは言葉なしに世界を把握できない。例えば、われわれは言葉なしに「ここ」を把握できない。「ここ」を把握するには「他の場所とのつながり」で「ここ」を把握するしかない。しかしその「つながり」は言葉でしか表現できないゆえに、言葉を想い出せないとその「つながり」も「ここ」も「他の場所」も把握できないのである。それゆえ、言葉を想い出せないと世界（場所）を構成できない。

　われわれは言葉なしに「今」を把握できない。「今」を把握するには「過去と将来とのつながり」で把握するしかない。しかしその「つながり」は言葉でしか表現できないゆえに、言葉を想い出せないとその「つながり」も「今」も「過去」も「将来」も把握できないのである。それゆえ、言葉を想い出せないと世界（時間）を構成できない。

　われわれは言葉なしに「相手」を把握できない。「相手」を把握するには「相手と私とのつながり」で把握するしかない。しかしその「つながり」は言葉でしか表現できないゆえに、言葉を想い出せないとその「つながり」も「相手」も「私」も把握できないのである。それゆえ、言葉を想い出せないと世界（他者と自己）を構成できない。

6　クリスティーン・ボーデン『私は誰になっていくの？』かもがわ出版, 2003 年, p.90

　われわれは言葉なしにものを考えることはできない。ものを考えるには「観念と観念のつながり」で考えを把握するしかない。しかしその「観念」も「つながり」も言葉でしか表現できないゆえに、言葉を想い出せないとその「観念」も「つながり」も「ものごとの意味」も把握できないので、われわれは言葉なしにものを考えることはできないのである。それゆえ、言葉を想い出せないと世界（意味）を構成できない。

　世界は時間と空間と他者と自己とその意味で成り立っている。そしてこの時間と空間と他者と自己とその意味は、言葉で支えられ、確認されるのである。例えば言葉なしに去年の悲しい出来事を回顧できるだろうか。あるいは言葉なしに明日の計画を誰かと検討できるだろうか。言葉なしに相手に願いを伝えられるだろうか。これら「回顧」も「検討」も「願い」もすべて言葉に支えられ、時間と空間と他者と自己とその意味で構成される世界のうちで成り立っている。そしてもし言葉を想い出せないなら、時間も空間も他者も自己もその意味も、またそれらのつながりで成り立つ世界も明確に構成できない不安定と不安と緊張を体験することになるのである。それゆえ、経験した出来事全体を忘れてしまうという認知症の人は、それに加えて言葉を想い出せないとき、常に時間と空間と他者と自己とその意味を構成できない不安定と不安と緊張の世界を生きているということが理解できるのである。

　このように、医学でいう症状としての「病的なもの忘れ」が生み出す認知症の人の体験、すなわち〈想い出せないこと〉がもたらす苦しみは深刻である。しかもこの〈想い出せない〉という事態から生まれる〈世界を構成できない苦しみ〉は、われわれの見た目からはうかがい知れない、認知症の人本人もその理由も意味も理解できない、深い苦しみなのである。そしてこのときの、ものごとの〈意味のつながり〉が失われる不明と混乱、不安と緊張こそが、おそらくすべての認知症の人が体験している〈想い出せない苦しみ〉の実態なのではないだろうか。

不安と不安定と緊張へのコーピング（対処／対処行動）

　認知症の人の〈想い出せない苦しみ〉とは、体験の一部あるいは全体を想い出せないことによって自分の生きている世界が意味のつながりを失う混乱と違和感であり、そのため世界を構成できない不安と不安定と緊張の体験である。しかしその不安と不安定と緊張に対して認知症の人は何とかして安心と安定を求めて動き回り、人に尋ね、確信と安心を得ようとする。その対処行動（コーピング）がわれわれには徘徊、際限のない確認や質問、帰宅願望、もの盗られ妄想などの「周辺症状」として現れるのである。

　コーピングとは、ラザルスとフォルクマンによれば、自分の力だけではどうすることもできないと思える特定の環境からの強制と自分自身の内部からの強制に対して、それを適切に処理しコントロールしようとする認知と行動の努力である[7]と定義されている。それゆえ、このコーピングの概念を認知症の人の体験している〈想い出せない苦しみ〉にあてはめると、認知症の人が突然立ち上がり、動きまわり、人に何度も同じことを尋ね確認し、ついには家に帰るとか物を盗られたなどと訴えるのは、〈想い出せない〉ことによる不明と混乱と不安と緊張に対して安心と安定を求める必死の努力、コーピング（対処／対処行動）であるといえるであろう。

認知症の人のコーピングがわれわれには「周辺症状」として現れる

　しかし介護の現場からみると認識は逆である。認知症の人の〈想い出せない苦しみ〉に対するコーピングが、われわれには「周辺症状」として現れるのである。経験した出来事全体を忘れてしまうことで自分の生きている世界が意味のつながりを失い、世界を構成できない認知症の人の不明と混乱と不安と緊張。それに対して、何とか安心と安定と確信を得ようと

7　ラザルス＆フォルクマン／本明・春木・織田訳『ストレスの心理学－認知的評価と対処の研究』実務教育出版，1991年，p.143

する認知症の人の必死のコーピングをわれわれは「徘徊」、「際限のない確認や質問」、「帰宅願望」、「もの盗られ妄想」といった「周辺症状」と捉える。認知症の人の想い出せないことによる不明の体験とは、(ここはどこ？ あなたは誰？ 私はここで何をしているの？ …えぇ？ 違うの？ なぜなの？ ああ、もう何もわからない！ 何もできない！ と、) 自分の生きる世界を構成できない混乱と不安と緊張の体験であるが、そのなかで認知症の人は必死にもがくように確かなものを求めて尋ね歩き回り、確認し、質問する。これらは認知症の人のコーピングである。それでも収まらない不安と緊張のなかで安心と確信を得ようと、例えば「家に帰りたい」と何度も訴えるのも無理のないことと思える。しかしそのコーピング（体験）がわれわれには「徘徊」、「際限のない確認や質問」、「帰宅願望」、「もの盗られ妄想」といった「周辺症状」として受け取られる。それはなぜか？ なぜ、認知症の人の必死のコーピングがわれわれ介護者には「周辺症状」として現われるのか？ その理由は、認知症の人の〈体験〉とそれを外から見て判断する「症状」とのズレにあるのである。

〈体験〉と「症状」とのズレ

〈想い出せない苦しみ〉に対する認知症の人のコーピングをわれわれは「徘徊」、「際限のない確認や質問」、「帰宅願望」、「もの盗られ妄想」などの「周辺症状」と認識する。ここには、認知症の人本人の〈体験〉と認知症の「症状」との認識の決定的なズレが存在する。「周辺症状」は最近では認知症の行動・心理症状（Behavioral and Psychological Symptoms of Dementia：BPSD）と呼ばれるが、これは1999年の国際老年精神医学会において認知症の人の問題行動を示す状態が「症状」という医学用語を用いて客観的に定義されたことに由来している。そこでは認知症の人の問題行動を「同年齢の健常者には通常みられない異常な状態」と捉え、これら「普通の人ならやらない行動」「文化的に不釣り合いな行動」「社会のルールを逸脱する行動」を「認知症患者にしばしば生じる、知覚認識または思

考内容または気分または行動の障害による症状（BPSD）」と定義したという[8]。しかし BPSD はあくまで統計にもとづく医学用語であり、これを認知症ケアの中でどう使うかは今後の課題であるともいわれる[8]。まさにその通りである。認知症の人自身は自分の行動を異常とも、文化的に不釣り合いな行動とも、社会のルールを逸脱するものとも思っていない。ただ自分の体験する〈想い出せない苦しみ〉に必死にコーピングしているだけなのである。それゆえ、そのコーピングを「徘徊」、「際限のない確認や質問」、「帰宅願望」等々といった「周辺症状」と呼び、それらを抑えようとするのは、その言動を外から見ているわれわれなのであって、認知症の人自身ではない。ここに認知症の人の〈体験〉と医学の云う「症状」との決定的なズレが存在する。そしてこの〈体験〉と「症状」との決定的な視点のズレが認知症の人の〈わかってもらえない！〉という第二の苦しみを生むのである。

認知症の人の第二の苦しみ：〈わかってもらえない苦しみ〉

　認知症の人の〈わかってもらえない苦しみ〉は、われわれが〈体験〉を「症状」として捉えるかぎり必然であり、普遍的である。そもそも体験は主観的であり、個別のもので、流動的である。それゆえ苦しみなどの〈体験〉は、客観的で普遍妥当な診断を下す医学の認識からは常に排除されてきた。さらに医学では「症状」という語には「異常」という意味が含まれているという。山口は「「症状」という用語には、「同年齢の健常者には通常はみられない」、すなわち「異常な状態」という意味合いがあります。(略)「症状」は医学用語です。主観的に「異常」と判断するのではなく、客観的に「異常」と判断されたら BPSD という医学用語を使います[8]」と、「症状」という語に含まれる「異常」という判断の客観性を説明している。その結果、認知症の人の〈想い出せない苦しみ〉や〈わかってもらえない苦

8　山口晴保『BPSD の定義、その症状と発症要因』認知症ケア研究誌 2, 2018 年, pp.1-3

しみ〉とそれに対するコーピングは認知症の人自身の〈体験〉からではな
く、「普通の人ならやらない行動」「文化的に不釣り合いな行動」「社会の
ルールを逸脱する行動」と、外から見て異常な問題行動を示す客観的な「症
状」として捉えられるのである。そこでの意図は、それらの行動を抑制し、
認知症の人が普通の文化的に釣り合いのとれた、社会のルールを逸脱しな
い行動をするように導くためである。現場はそれを治療と考え、支援と思
っている。「人間が社会で生きて行くには社会のルールを守る必要があり
ますが、社会のルールを逸脱する行動は BPSD とされます[8]」。これが認
知症に対する医学の考えであり、現場はそれに無自覚に従っているのであ
る。それゆえ BPSD には認知症の人の〈体験〉や〈苦しみ〉への視点は
まったく存在しないのである。

　認知症の人は世界を構成できない不明と混乱、不安と緊張のなかで必死
にコーピングをしている。確かなものを求めて歩き回り、他人に質問し、
際限なく確認して、それでも収まらない不安と緊張のなかで「家に帰りた
い」と何度も訴える。しかしわれわれはそれを「普通の人ならやらない行
動」「文化的に不釣り合いな行動」「社会のルールを逸脱する行動」と認識し、
BPSD（症状）として抑えようとする。それに対して認知症の人がわかっ
てもらえない！と思うのは当然であろう。それゆえこの認知症の人の〈体
験〉と医学の診断する「症状」のズレから生じる認知症の人の〈わかって
もらえない苦しみ〉は必然であり、普遍的なのである。

孤独という苦しみ

　認知症の人の〈わかってもらえない苦しみ〉は現場が〈体験〉を「症
状」として捉えるかぎり必然であり、普遍的である。しかしそれに加えて、
この誰にもわかってもらえない！体験は〈孤独と無力〉の苦しみを生み出
すということが重要である。認知症の人は世界と他者と自己の不明の体験、

8　山口晴保『BPSD の定義、その症状と発症要因』認知症ケア研究誌 2，2018 年，pp. 1-3

不安と緊張の苦しみに加えて、誰にも〈わかってもらえない〉孤独と無力の苦しみのなかに置かれている。

　孤独とは〈わかってもらえない！〉という体験から生まれる苦しみである。人は誰でも、たとえ親しい家族や仲間と一緒に居たとしても（孤立していなくても）、相手にわかってもらえない！と思ったときに孤独を感じる。それは、そのとき体験する自己の存在と意味の消滅から生じる空虚の苦しみなのである。このように日常のわれわれでさえ頻繁に体験するのが孤独である。まして〈想い出せない〉ことから生まれる不明と混乱、不安と緊張に対するコーピングを「症状」として対応される認知症の人は、〈想い出せない苦しみ〉に加えて、常に〈わかってもらえない！〉という孤独の苦しみ、空虚と無力の苦しみを体験しているのである。

認知症の人の苦しみと症状対応の認知症ケア

　しかし現場は認知症の人の〈想い出せない苦しみ〉に対するコーピングを「周辺症状」と受け取り、介護者はその症状に対処する〈症状対応の認知症ケア〉に専心する。ところがその対応では認知症の人の〈わかってもらえない苦しみ〉が生まれ、それに対する認知症の人の反発や怒りがときには介護拒否や暴言・暴力に発展して、ますます「周辺症状」は収まらない。その理由は、〈症状対応の認知症ケア〉にはこれらの「周辺症状」が認知症の人の〈想い出せない苦しみ〉や〈わかってもらえない苦しみ〉から生み出されているという認識が存在しないからである。そしてさらに、この〈想い出せない苦しみ〉や〈わかってもらえない苦しみ〉が和らがないかぎり、認知症の人の対応困難な言動は収まらないという認識もないからである。

　そこで、以下にひとつの会話記録を素材にして、この〈症状対応の認知症ケア〉が生み出している認知症の人と介護者の苦しみの現状を認知症の人の〈想い出せない苦しみ〉と〈わかってもらえない苦しみ〉から分析し、それに続いて、それとは発想の異なる〈苦しみを和らげる認知症ケア〉の

必要性を明らかにしたい。症状対応の介護の現場は認知症の人と介護職員の〈苦しみ〉に溢れているのである。

事例：認知症の人の「際限のない確認や質問」と「帰宅願望」

　ここに、同じことを何度も繰り返し質問をする認知症の人Ａさんとそれに対応する介護職員Ｂとの会話記録がある。職員はその都度対応するも、Ａさんはすぐに同じことを繰り返し問いかけてくる。そしてそれがついには「家に帰る！」とＡさんが帰宅願望を訴えることになる会話の記録である。この会話記録からそこでの認知症の人の体験（苦しみ）とそれに対応する職員の体験を現象学で解明してみよう。つまりここでの認知症のＡさんとそれに対応する職員Ｂの体験に視線を転じて、それぞれの言葉を純粋に体験そのものとして分析し、そこに現れている認知症のＡさんとそれに対応する職員Ｂの体験の意味を明らかにするのである。するとそこに認知症のＡさんの〈想い出せないこと〉が生みだす苦しみが明らかになってくる。なぜ、Ａさんは何度も同じことを繰り返して質問をするのか？　それがなぜ「家に帰る！」と帰宅願望を訴えることになるのか？　認知症のＡさんの〈想い出せない苦しみ〉と〈わかってもらえない苦しみ〉という体験に視線を転じて、これらの疑問を考えてみたい。

　ここでサンプルとする認知症の人との会話記録は、介護の現場でよくみられる「際限のない確認や質問」、「帰宅願望の訴え」の場面である。

　◆ショートステイを利用していて、同じことを何度も繰り返す認知症のＡさん。職員Ｂはその都度対応するもすぐに忘れて、また同じことを繰り返す。それが帰宅願望に…。

　Ａ１：あんたは、どこからきたの？
　Ｂ１：私は、Ｃからです。
　Ａ２：そう、Ｃね。遠いねぇ。私は、Ｄなのよ。初めてだからね。
　　　　わからないのよ。

B2：そうなんですね。

（数秒後）

A3：あんたは、どこからきたの？

B3：私は、Cからです。

A4：そう、Cね。遠いね。私は、Dなのよ。

B4：そうなんですね。

（数秒後）

A5：あんたは、どこからきたの？

B5：私は、Cからです。AさんはDから来られているんですよねぇ。

A6：そうそう、よく知っているね。

B6：はい、何度も教えてもらいましたから。

A7：ここは、どこね。

B7：ここは、Eですよ。今日はここに泊まりですよ。

A8：なんで、ここに泊まるの。主人がひとりでいるのに。あんた、送ってくれるか？

B8：ほら、もう暗いし、帰れませんよ。私は、今晩泊まりなんですよ。

A9：主人がひとりでいるからねぇ。

B9：ああ、そういえばさっきご主人から電話があって、今日は仕事が遅くなるからここに泊まってくれって。

A10：主人がひとりでいるから、帰らないと。何もできないからね…。送ってくれないの。

B10：ほら、そろそろ晩のご飯の準備ができましたよ。また、ご飯を食べてから考えましょう。

A11：ご飯があるの。

B11：はい、温かいうちにどうぞ。

A12：私は、買い物に行くから大丈夫よ。あんた、食べてきなさい。

B12：ご飯、ご飯、ほら、行きましょ！（食堂へお連れする）

体験と体験の意味の分析

　現象学で体験と体験の意味を分析するときのキーワードは〈意識の志向性と現れ〉である。これは日常の言葉で平たく言えば気がかりと想起であ

る。気がかりとは気になること、想起は想い起こすことである。気がかり
は次々流動し、それに応じてさまざまな場面や想いが想起される。それが
体験である。例えば、車のキーが見つからないとき、それが気になり見つ
かるまで探し回る。どこかに置いたのだろうか？　どこで落としたのか？
ここで？　いや、たしかにここまで車を運転してきた。ということはその
後だろう…誰かに盗られた？　まさか！　と、そのキーが見つかるまで意識
はあちこちに向けられ、さまざまな場面や人が想い起され、そのときの自
分の行動、会った人、相手とのやりとりなどに想いはめぐる。これが体験
である。それは単に車のキーが見つからない、落としたのかもしれないと
いうことではない。キーを探し回る行動も、これまで自分が立ち回った場
所と場面と人、そのときの会話、想い、疑い、それでもキーが見つからな
い不安、今日の予定が立たない焦りと後悔の総体が「キーが見つからな
い」という体験であり、そのキーの所在を想い出せないことがこの体験の
本質である。つまり、キーの在るところを想い出せないことが、キーが見
つからない気がかりとなり、それを探し回る行動を駆り立てて、これまで
自分が立ち回った場所と場面と人を想起させ、そのときの想い、不安、焦
り、後悔を生みだしているのである。そしてこれはキーが見つかるか、あ
きらめて新たにキーをつけ替えるまで続く。なぜなら、キーが見つからな
いといつまでも気持ちは収まらないし、それはいわば一種の自己の存在と
意味の不安定を意味しているのである。そしてこの自己の存在と意味の不
安定（不安、焦り、後悔）が、キーの所在を想い出せないという体験の意
味なのである。

体　　　験：キーを探し回る行動や自分が立ち回った場所と場面と人の想
　　　　　　起、そのときの疑いや怒り、キーが見つからない不安、今日
　　　　　　の予定が立たない焦りと後悔などの想いの総体
体験の本質：そのキーの所在を想い出せないこと
体験の意味：自己の存在と意味の不安定（不安、焦り、後悔）

　このように現象学はそのときの気がかり（意識の志向性）とそれに伴う想起を分析するのだが、この分析でそのときの当事者の体験と体験の意味を明らかにすることができるのである。それゆえ、この会話記録での認知症のAさんと職員Bの体験の本質はそのときのAさんとBの気がかりと想起に現れていて、それぞれの体験と体験の意味を解明するとは、会話記録の言葉を手がかりにして、そのときそのときのAさんとBの気がかりが何に向けられているのか、そしてそれがAさんにとって、あるいはBにとってどのようなものとして現れているのか、なぜそう現れているのかをそれぞれの言葉から明らかにするということなのである。

認知症の人Aさんの体験と体験の意味の解明

　ここで、AさんとBのそれぞれの気がかりと現れ（想起）をふたりの言葉から明らかにするためにひとつの工夫をしたい。この会話記録でのAさんとBの会話は対話になっていて、それぞれの気がかりと現れが交差し読み取りにくくなっているので、いちどAさんの言葉とBの言葉を分離して、それぞれをまとめて表示してみよう。そうするとそれぞれの気がかりが何に向けられ、それらがどう現れているかが明確になるのである。まずAさんの言葉にみられる気がかりと現れである。

【Aさんの言葉】

A1：あんたは、どこからきたの？

A2：そう、Cね。遠いねぇ。私は、Dなのよ。初めてだからね。わからないのよ。

　（数秒後）

A3：あんたは、どこからきたの？

A4：そう、Cね。遠いね。私は、Dなのよ。

　（数秒後）

A5：あんたは、どこからきたの？

Ａ6：そうそう、よく知っているね。

Ａ7：ここは、どこね。

Ａ8：なんで、ここに泊まるの。主人がひとりでいるのに。あんた、送ってくれるか？

Ａ9：主人がひとりでいるからねぇ。

Ａ10：主人がひとりでいるから、帰らないと。何もできないからね…。送ってくれないの。

Ａ11：ご飯があるの。

Ａ12：私は、買い物に行くから大丈夫よ。あんた、食べてきなさい。

意味のつながりを失う不明と不安の〈苦しみ〉

　この会話でのＡさんの言葉は前半、「あんたは、どこからきたの？」「初めてだからね。わからないのよ」「あんたは、どこからきたの？」「あんたは、どこからきたの？」「ここは、どこね」「なんで、ここに泊まるの」である。これらの言葉が示しているＡさんの気がかり（意識の志向性）は、私はＤから来たのだけれど、初めてだからここがどこかわからない、なんで今日はここに泊まるの？　ということである。これがこのときのＡさんの体験である。そしてＡさんがこのように言うのはＡさんがショートステイを利用してここに来た、あるいは連れてこられたことを想い出せないからであろう。つまり想い出せないことが体験の本質なのである。しかしそれは単に記憶がない、想い出せないということではない。ここはどこか？　なぜ自分はここにいるのか？　なぜ今日はここに泊まるのか？　それをＢに問いかけても少しもわからないことがＡさんの気がかりとなり不安となっているのである。このように、ここに来た、あるいは連れてこられたことを想い出せないこと、またＢに問いかけてもわかってもらえないことから生じる不明と不安がＡさんの体験の意味ということになる。

　最初、Ａさんは「あんたは、どこからきたの？」とＢに尋ねる。Ｂはそれに「私は、Ｃからです」と答えるが、数秒後Ａさんは再び同じこと

をＢに尋ねる。しかも３回もである。Ｂにすれば、やはり認知症の人は
ついさっき質問したことも忘れる、これはまたいつもの「際限のない確認
や質問」だと思っているかもしれない。しかしこれは認知症のいわゆる周
辺症状「際限のない確認や質問」ではない。Ａさんはついさっき質問した
ことをすぐに忘れるのではなく、不安なのである。自分がここに来たこと、
あるいは連れてこられたことを想い出せないので、自分がここにいる理由
（わけ）がわからないし、ここがどこかわからない。その不安をＢに共有
してほしいから「あんたは、どこからきたの？」と尋ねる。しかしそれに
対するＢの答え、「私は、Ｃからです」ではその不安は共有してもらえな
いので、Ａさんはわかってもらえない！と思って、ここはどこなの？　な
んで私はここにいるの？　という疑問と不安がさらに強くなり、「あんたは、
どこからきたの？」を何度もＢにぶつけるのである。このときのＡさん
の体験の本質は〈想い出せない〉と同時に〈わかってもらえない〉である。
そしてその体験の意味は不明と不安の苦しみである。それは単に〈もの忘
れ〉で困っているというのではなく、想い出せないこととＢにわかって
もらえないことでものごとのつじつまが合わない、意味のつながりが失わ
れる不明と不安の苦しみなのである。

認知症の人の〈想い出せない苦しみ〉の本質とその意味

　それゆえ、認知症の人が自分の所在が不明となり、「ここはどこ？　なぜ
自分はここにいるの？　自分がわからない」と言うとき、それはものごと
が意味のつながりを失ってしまった不明と不安の苦しみを訴えているので
あり、それに対して「ここは○○ですよ」とこちらがいくら説明し、問い
に具体的な地名で答えても、認知症の人の〈想い出せない〉ことからの不
明と不安がわかってもらえた！と解消されない限り、際限のない質問と確
認はくりかえされるのである。つまり認知症の人が「ここはどこ？　なぜ
自分はここにいるの？」と言うときの体験の本質は〈想い出せないこと〉
である。そしてその体験の意味はものごとの〈意味のつながり〉が失われ

た不明と不安の苦しみなのである。これを、認知症の人の〈想い出せない
苦しみ〉という。

A さ ん の 体 験：自己の所在の不明と、「ここはどこ？」などの際限の
　　　　　　　　　　ない確認や質問
Aさんの体験の本質：〈想い出せないこと〉
Aさんの体験の意味：ものごとの意味のつながりが失われた不明と不安の
　　　　　　　　　　〈苦しみ〉

〈想い出せない苦しみ〉と〈わかってもらえない苦しみ〉の相乗

　われわれは日常でも気になることは放っておけない。気になることはど
うしても確かめたくなる。気がかりのもとになる意識の志向性には〈明証
性〉という特性があるという[9]。現象学では、意識は現れ出るものに対し
てそれが何なのかを明らかにし、確かめたい衝動があり、その意識の働き
を意識の志向性の〈明証性〉という。人は誰でも気になるもの、気になる
ことがあると、それが「あぁそうなんだ！」とわかるまで根拠や理由を求
める。そして納得するまで、つまり「気が済む」まで追求し考え続ける。
納得がいかないことを「もやもやする」というがそれは不明と不安を含ん
でいるのである。しかしショートステイを利用してここに来た、あるいは
連れてこられたことを想い出せないAさんにとって、自分がどこにいる
のか？　なぜ、何のためにここにいるのか？　の気がかりはBの対応では
気が済まない。Aさんの「あんたは、どこからきたの？」に対するBの
答え「私は、Cからです」では、（わかってもらえない！と）気がかりは
解消されない。その解消されないまま放置された気がかりは、いわば宙に
浮いた状態で、「ここはどこ？」「私はなぜここにいるの？」「どうすれば
いいの？」と次々と新たな疑問を生み、気がかりは膨らんで世界はますま

9　新田義弘『世界と生命－媒体性の現象学へ』青土社，2001 年，p. 22

す不明となり、Aさんの B に対する〈わかってもらえない苦しみ〉は大きくなる。

　この認知症の人のいつまでも解消されない気がかりは〈想い出せないこと〉に原因があり、同時に問いかけた相手に〈わかってもらえない〉ことが混乱と苦しみを深くしている。そのことで認知症の人はものごとの意味がつながりを失い、混乱と落ち着かない緊張のまま、自分の生きる世界を構成できない不安定と不安を体験しているのである。

　このようにものごとの意味のつながりが失われ、世界を構成できない不明と不安、不安定と緊張が認知症の人のあらゆる苦しみの体験の基調となり、さらにそれに対するコーピングを「周辺症状」と捉える介護者の的外れの対応が、認知症の人の〈想い出せない苦しみ〉と〈わかってもらえない苦しみ〉を一層強めているのである。

〈わかってもらえない苦しみ〉が認知症の人と介護者双方に生まれる

　他方、介護者にも認知症の人にわかってもらえない苦しみがある。認知症ケアの現場には認知症の人の〈わかってもらえない苦しみ〉と介護者の〈わかってもらえない苦しみ〉が混在し、交錯して増幅し、双方の関係は悪循環している。そこには認知症の人の〈想い出せない苦しみ〉とそれを介護者に〈わかってもらえない〉苦しみがあり、他方、介護者には認知症の人に介護をいくら説明しても〈わかってもらえない〉苦しみがある。

　認知症のAさんの場合、自分がここに来た経緯を想い出せないことが、いつまでも解消されない疑問と不安を生み、その不安と不安定と緊張を共有してもらいたいと何度も B の所在を確認し、問いかける。しかし B の答えはいつも「私は、Cからです」である。この B の答えでは A さんの不安も不安定も緊張も和らがない。ところが B にはこのやりとりが「際限のない確認や質問」という認知症の症状として現れている。ここに決定的なズレがある。

　つまり、認知症の人の〈想い出せない苦しみ〉へのコーピングが職員に

は認知症の「周辺症状」として受けとられるズレである。それゆえ職員の意識は認知症の人の〈想い出せない苦しみ〉にではなく「周辺症状」に対応することに向けられ、その結果、認知症の人は自分の〈想い出せない苦しみ〉に加えてさらに職員に〈わかってもらえない苦しみ〉を体験するのである。そしてその認知症の人の〈わかってもらえない苦しみ〉が新たな反発や介護拒否、ときには暴言や暴力を生み、それが職員には新たな「周辺症状」と現れ、そこに双方相互の〈わかってもらえない苦しみ〉の悪循環が生まれるのである。

このことから、〈症状対応の認知症ケア〉がいかに認知症の人にとって「わかってもらえない」的外れのケアであり、さらにまたこの〈症状対応の認知症ケア〉がいかに介護者にとっても「わかってもらえない」的外れのケアとなっているかが理解されるであろう。こうして、われわれが認知症の人の〈想い出せない苦しみ〉と〈わかってもらえない苦しみ〉に意識を向けてそれを和らげようとすることの重要性が明らかにされる。われわれがそうしない限り、「周辺症状」といわれるものは際限なく生み出されるのである。

「際限のない確認や質問」が職員の一言で「帰宅願望」に変化する

しかしそれに続いて「ここは、どこね」とAさんが尋ねたとき、Bが「ここは、Eですよ。今日はここに泊まりですよ」と、突然「泊まり」のことを話題に出したので、Aさんは驚き、「なんで、ここに泊まるの。主人がひとりでいるのに。あんた、送ってくれるか？」と、その気がかりは一気に流動して家でひとりでいる夫に向けられ、私はここに泊まるわけにはいかない、家では夫が待っている…と次々と新たな気がかりが生まれ、「主人がひとりでいるからねぇ」「主人がひとりでいるから、帰らないと。何もできないからね…。送ってくれないの」と、Aさんの驚きはいわゆる「帰宅願望」へと変化していく。これが意識の流動性である。ここはBの「今日はここに泊まりですよ」のひと言が引き金になっていることが重要であ

る。そして家でひとりいる夫が気になるＡさんはＢにご飯を勧められても、「ご飯があるの。私は、買い物に行くから大丈夫よ。あんた、食べてきなさい」と、やんわり拒絶する。ここはどこか？　自分はなぜここにいるのか？　という不明で不安定な状態で、家にいる夫が気になるＡさんには、自分のことをわかってくれないＢの勧めるご飯どころではないのである。

意識の流動性

　ここで大事なポイントは、Ａさんの気がかりと想いはＢの「今日はここに泊まりですよ」のひと言で一気に流動し連鎖して、主人が（家で）ひとりでいるから帰らないといけない、あんた、送ってくれないの？　と一瞬のうちに「帰宅願望」へと変化していったことである。このＢの「泊まり」の発言まではＡさんは家に帰るとはひと言も言っていない。なぜこのとき、Ａさんの気がかりと想いはＢのひと言で一気に流動し、「帰宅願望」へと変化したのか？　その謎を解くカギは「気がかり」、つまり意識の志向性の〈明証性〉[9]にある。われわれには意識に現れるものに対してそれが何なのかを明らかにしたい衝動（明証性）がある。これは認知症の人にも誰にもすべての人に備わっている意識の志向性の特性なのであるが、その〈明証性〉は何かが気になり、疑問を感じると瞬時に納得と安心と安定を求めて流動するのである。

　自分がここに来た経緯を〈想い出せない〉ことからものごとの〈意味のつながり〉が失われて世界と自己の存在が不明となり、それが生み出す不安と不安定と緊張が際限のないＢへの確認と質問になっているＡさん。それに対するＢの答えはいつも同じく「私は、Ｃからです」であり、その業務的な対応に（この人にはわかってもらえない）と思い始めているＡさんに突然の「今日はここに泊まりですよ」というＢのひと言である。え？　泊まり？　なぜ泊まりなの？　とＡさんは混乱し、その疑問と気がかりは一気に流動し拡大する。Ａさんのここでは〈わかってもらえない〉と

9　新田義弘『世界と生命－媒体性の現象学へ』青土社，2001 年，p.22

いう想いに加えて、今までの不安と不安定と緊張は安心と安定を求めて自分につながる場所と場面と人を想起させ、Ａさんは家でひとりでいる夫が気になりだす。夫のご飯の用意をしなければ…私はここには居られないと、その想いは自己に存在と意味を与える役割を想い出し、「家に帰らないといけない」、「家に帰る！」と変化し、「あんた送ってくれるか」とＢに訴えるのである（コーピング）。

こうして、ここではわかってもらえない！という想いに加えて、Ａさんの不安と不安定と緊張へのコーピングがＢのひと言で瞬時に「帰宅願望」の訴えとなって表出された。これが意識の流動性である。しかしこのＡさんの「家に帰る！」の訴えはＢの「ご飯、ご飯、ほら、行きましょ！」に押し切られ、結局、Ａさんは〈想い出せない苦しみ〉と〈わかってもらえない苦しみ〉が少しも和らがないままで、それがまた新たなコーピングのもとになってＡさんの「周辺症状」は今後も続くのである。

Ａ さ ん の 体 験：「ここはどこ？」、「なんで、ここに泊まるの？」などの疑問と当惑

Ａさんの体験の本質：〈想い出せないこと〉と〈わかってもらえないこと〉

Ａさんの体験の意味：ものごとの〈意味のつながり〉が失われた不明と不安と不安定

職員Ｂの体験と体験の意味の解明

他方、職員Ｂの言葉をまとめて表示すると次のようになる。

【Ｂの言葉】

Ｂ１：私は、Ｃからです。

Ｂ２：そうなんですね。

（数秒後）

Ｂ３：私は、Ｃからです。

　　B4：そうなんですね。

　　　（数秒後）

　　B5：私は、Cからです。AさんはDから来られているんですよねぇ。

　　B6：はい、何度も教えてもらいましたから。

　　B7：ここは、Eですよ。今日はここに泊まりですよ。

　　B8：ほら、もう暗いし、帰れませんよ。私は、今晩泊まりなんですよ。

　　B9：ああ、そういえばさっきご主人から電話があって、今日は仕事が遅
　　　　くなるからここに泊まってくれって。

　　B10：ほら、そろそろ晩のご飯の準備ができましたよ。また、ご飯を食べ
　　　　てから考えましょう。

　　B11：はい、温かいうちにどうぞ。

　　B12：ご飯、ご飯、ほら、行きましょ！（食堂へお連れする）

職員の気がかりは業務であり、仕事の進行である

　この会話でのBの言葉は、「私は、Cからです」「そうなんですね」「私は、Cからです。Aさんは、Dから来られているんですよねぇ」「はい、何度も教えてもらいましたから」「ここは、Eですよ。今日はここに泊まりですよ」「ほら、もう暗いし、帰れませんよ。私は、今晩泊まりなんですよ」「ああ、そういえばさっきご主人から電話があって、今日は仕事が遅くなるからここに泊まってくれって」「ほら、そろそろ晩のご飯の準備ができましたよ。また、ご飯を食べてから考えましょう」「はい、温かいうちにどうぞ」「ご飯、ご飯、ほら、行きましょ！」である。

　これらの言葉が示しているBの気がかり（意識の志向性）は、Aさんがショートステイに予定通りに宿泊し、時間通りに食事をとってくれることであり、Aさんに「家に帰る」などと言われると困るということであろう。そしてBには、Aさんは何度も同じ質問をし、同じことを繰り返し尋ねる認知症の人として現れている。Bがその都度対応してもAさんはすぐに忘れて、また同じ質問を繰り返す困った人なのである。そのBに

はAさんの「私は初めてだからここがどこかわからない、ここはどこね。なんで私は今日ここに泊まるの？」という疑問や不安は重要ではない。Bの気がかりはそれよりはむしろ早くこの会話を切り上げて通常業務に戻ることである。しかしなかなかBの思うようにはいかない。Aさんの質問に答えても数秒後にはさらにまた同じことを問われるし、それを認知症の周辺症状と考えて、「私は、Cからです」「そうなんですね」とBがこれまで認知症の人に行ってきたマニュアルに従って「Aさんの言葉を否定せず、Aさんへの了解を示しつつ聞かれた質問には誠実に答える」という対応をするが、それでもAさんは何度も同じ質問を繰り返す。その対応に終わりが見えないのでBはついに会話を切り上げて早く通常業務に戻ろうと、Aさんが何も聞いてもいないのに「今日はここに泊まりですよ」と言ってしまうのである。ところが突然ここで「泊まり」と言われたのでAさんは驚き、混乱して「なんで、ここに泊まるの。主人がひとりでいるのに。あんた、送ってくれるか？」と問い返す。しかしBにはこのときのAさんの気がかりや当惑よりも、それがいわゆる「帰宅願望」に発展することの方が気になる。これがBの体験である。BはAさんに「家に帰る！」と言われると自分の業務が滞るので困るのである。BにはAさんの〈想い出せない苦しみ〉から世界が不明となった不安のメッセージは届かない。それより業務が滞りなく予定通りに行われることの方が気がかりであり、そのためには、「さっきご主人から電話があって、今日は仕事が遅くなるからここに泊まってくれって」などという嘘もつく。嘘はいけないとはわかっているが認知症の人にはどうせわからないのだし、このやり方でけっこううまくいったこともあるし、これを認知症ケアのスキルという人もいるらしいし、…しかし業務を進めるために嘘をつくことが認知症ケアのスキルなんだろうか？　そもそも認知症ケアって何をすることなんだろう？…などの疑問も頭をよぎるが、そんなことを考えていては業務がまわらないので今は「ご飯、ご飯、ほら、行きましょ！」とAさんを夕食に追い立てる。これも職員Bの体験である。その体験の本質は業務の遂行であり、その体験の意味は、業務が先行する認知症介護の現場で認知症の人の苦し

みを和らげる〈援助〉が実感できない無意味、空虚、疲れであるだろう。

職員Ｂの体験：「際限のない確認や質問」に困り、「帰宅願望」を避
　　　　　　　けようとする対応
職員Ｂの体験の本質：業務の遂行
職員Ｂの体験の意味：〈援助〉が実感できない無意味、空虚、疲れ

現場の苦しみ：〈想い出せない苦しみ〉と〈わかってもらえない苦しみ〉

　このように、認知症のＡさんへの職員Ｂの対応をそれぞれの体験に視
点を転じて詳しくみていくと、〈症状対応の認知症ケア〉に終始するＢが
Ａさんの〈想い出せない苦しみ〉や世界を再構成できない不安や不安定
や緊張を理解しないまま、その苦しみへのＡさんのコーピングを「症状」
と捉えて抑えようとしたり、ごまかしたりして業務を進めようとするその
対応が、まさにＡさんの〈わかってもらえない苦しみ〉を生み、その後
の訴えを強めていることがわかるのである。つまり、認知症の人の〈想い
出せない苦しみ〉に対するコーピングを認知症の「症状」と受け取ってそ
の症状を抑えようとしたり、ごまかしたり、はぐらかして業務を予定通り
進めようとする介護者の〈症状対応の認知症ケア〉そのものが、新たな認
知症の人の〈わかってもらえない苦しみ〉を生み、そのわかってもらえな
いことへの反発や拒否が、さらに今度は介護者の認知症の人に〈わかって
もらえない〉苦しみとなり、そのときの認知症の人の予期しない反発や拒
否が「認知症の人は理解できない」、「これでは業務が進まない」と焦る介
護者の苦しみを生んでいるのである。
　認知症の人の〈想い出せない苦しみ〉と〈わかってもらえない苦しみ〉
が認知症の人と介護者双方に相乗作用を起こして関係性の悪循環を生み出
している。これがおそらく、現在の日本の介護現場で行われている〈症状
対応の認知症ケア〉の苦しみの現実であろう。そこには〈苦しみを和らげ
る認知症ケア〉の基本となる「援助とは苦しみを和らげ、軽くし、なくす

ることである」という対人援助論が欠けているのである。

　これらの洞察が重要であるのは、介護する者が、認知症の人がわかって
もらえた！と実感できる応対に態度を変えることで認知症の人の〈わかっ
てもらえない苦しみ〉を和らげることができ、それが結果として認知症の
人の〈想い出せない苦しみ〉と周辺症状を和らげ、収め、なくすることに
つながるという真の認知症ケアへの途が開かれるからである。そのことを
次の章で明らかにしたい。第3章のテーマは、苦しみを和らげる認知症ケ
アの援助理論である。

［引用文献］
1　村田久行『改訂増補 ケアの思想と対人援助』川島書店，2012 年，p. 67
1　エトムント・フッサール（1859 〜 1938）はドイツの哲学者で現象学の創始者
3　エトムント・フッサール／立松弘孝編訳『フッサール・セレクション』平凡社ライブラ
　　リー，2009 年，p. 95（『百科草稿』H. IX . 257f. ）
4　鷲見幸彦：日本看護協会編『認知症ケアガイドブック』2016 年，p. 4
5　クリスティーン・ボーデン『私は誰になっていくの？』かもがわ出版，2003 年，p. 91
6　同上書，p. 90
7　ラザルス＆フォルクマン／本明・春木・織田訳『ストレスの心理学－認知的評価と対処
　　の研究』実務教育出版，1991 年，p. 143
8　山口晴保『BPSD の定義、その症状と発症要因』認知症ケア研究誌 2，2018 年，pp. 1-3
9　新田義弘『世界と生命－媒体性の現象学へ』青土社，2001 年，p. 22

第3章
苦しみを和らげる認知症ケアの援助理論

基本的な考え：対人援助論

　本章では〈苦しみを和らげる認知症ケア〉の援助理論を展開する。そのために最初に明らかにしておきたいことは、この〈苦しみを和らげる認知症ケア〉は「援助とは苦しみを和らげ、軽くし、なくすることである[1]」という対人援助論にもとづいているということである。それゆえ〈苦しみを和らげる認知症ケア〉は認知症の人の〈苦しみ〉を和らげることを第一に考え、直接、認知症の「周辺症状」を抑えようとしたり、問題行動をなくそうとはしない。その理由は、認知症の「周辺症状」やさまざまな問題行動は認知症の人の〈苦しみ〉に対するコーピングが「症状」や問題行動とみなされたものであり、それらは〈苦しみ〉が和らがないかぎり収まらず、問題行動も際限なく続くと考えるからである。

　〈症状対応の認知症ケア〉が主流の介護現場では認知症の人の〈苦しみ〉は顧みられず、和らげられることもない。それゆえ「周辺症状」は未だに収まらず、問題行動もたびたび起こっている。しかしたとえ症状は抑えられなくても〈苦しみ〉を和らげることはできる。また、認知症の人の多様なニーズや訴えに応えられなくても、その訴えのもとにある〈苦しみ〉を聴き、軽くすることはできる。そしてそのときの'ケア'で認知症の人の

1　村田久行『改訂増補 ケアの思想と対人援助』川島書店，2012年，p. 43

〈苦しみ〉が和らげられると認知症の「周辺症状」は収まり、問題行動も自ずと消失する。これが対人援助論にもとづく〈苦しみを和らげる認知症ケア〉の基本的な考えである。

認知症の人の二重の苦しみ

　それでは、認知症の人の〈苦しみ〉とはどのようなものなのか。認知症の人の苦しみは二重の苦しみである。認知症の人は、時間、場所、他人、自分自身、あるいは言葉すらも想い出せないことによって、ものごとの意味のつながりが失われ、常に世界の再構成ができない不明と不安、不安定と緊張のなかにいる。これが認知症の人の〈想い出せない苦しみ〉である。そしてその不明と不安、不安定と緊張の苦しみに加えて、こんどはその苦しみを家族や施設職員など介護者に〈わかってもらえない苦しみ〉が追い打ちをかける。さらにその不明と不安、不安定と緊張から逃れようとする必死のコーピング（対処／対処行動）も「際限のない確認や質問」、「徘徊」、「帰宅願望」、「もの盗られ妄想」といった認知症特有の「周辺症状」として受け取られ、介護者に注意され、修正され、指導される。そのとき認知症の人が実感する〈わかってもらえない苦しみ〉が、もともとの〈想い出せない苦しみ〉に加わり重なってくるのである。現場ではこの認知症の人の二重三重の苦しみが混在し、認知症の「周辺症状」といわれるものを複雑なものにしているのである。

〈想い出せない苦しみ〉からみた認知症の人の排泄障害

　認知症の人の〈想い出せない苦しみ〉とは、認知症の人の体験から見ると意外と複雑な苦しみであることがわかる。例えば、トイレでないところで失禁・排泄する認知症の人に対してそれは「周辺症状」のひとつ「排泄障害」だといわれる。医学的な説明では、「認知症者の排泄障害は、下部尿路機能に問題がなく、移動やトイレ等の認知が障害されて生じる「機能

性尿・便失禁」が多いといわれている。しかし、認知症者は、排泄に影響する要因である排泄機能、運動機能、高次脳機能、認知機能、感覚機能、視機能、既往歴、年齢、性別などさまざまな要因の障害を複数併せもつことが多く、必ずしも機能性尿・便失禁だけとは限らない[2]」と、この「排泄障害」は複数の要因から成り立つと説明される。さらに通常の排泄も仔細にみると多くの行為の連続で成り立っている。つまり、通常の排泄は「尿意、便意の知覚、排泄場所の想起、移動の開始、トイレの認知、使用方法の想起、衣服の準備、排泄姿勢の保持、排泄、清拭や水洗などの後始末などを、一連の流れで実施する必要がある[3]」と分析されていて、認知症の人の場合、それぞれの行動や想起に障害があってそれらが影響しあって「排泄障害」となるというのである。

　しかしこの「排泄障害」というものを〈想い出せない苦しみ〉をもつ認知症の人の体験から考えてみると事態は深刻である。それは排泄を迫られる感覚と状況のなかで排泄場所を想い出せない苦しみであり、トイレに移動するとしてもトイレへの経路を想い出せない混乱、トイレと便器そのものを想い出せない、あるいは「トイレ」という言葉も想い出せない困惑、さらには便器の操作や衣服を脱ぐ手順を想い出せない焦りといらだちなど、…そして失禁してしまった場合、何かやってしまったという恥ずかしさ、あぁ、自分はもう何もできないという無力感と絶望感、だめな自分に絶望した無価値の苦しみ（自律を失う苦しみ）など、認知症の人にとっての排泄障害とは、さまざまな苦しみの重層した体験の総体なのである。それらは排泄にかかわる手順や事柄、その場所や意味や言葉を想い出せない苦しみ、そしてそれらをつなぐ意味も想い出せない混乱と焦りと困惑、さらに失敗をしたときそのことを自覚することからの無能と無力と無価値の苦しみなのである。

2　津畑亜紀子：日本看護協会編『認知症ケアガイドブック』2016年，p.144
3　同上書，p.145

認知症の人の〈わかってもらえない苦しみ〉

　ところがこの認知症の人の〈想い出せない苦しみ〉から生じる排泄時の体験は誰にもわかってもらえないし、誰もそれを想像しない。認知症の人の苦しみは、現場の介護者や家族には【失禁と排泄】という認知症の「周辺症状」として受け取られ、いわゆる「排泄障害」として認識されるからである。その【失禁と排泄】に出合ったとき、誰がそのときの認知症の人が体験している混乱や困惑、いらだちや焦りを気遣い、その絶望や無力感やそのもとにある〈想い出せない苦しみ〉を思い遣るだろうか。それどころか介護者や家族はこの【失禁と排泄】に驚き、注意したり叱責して、説明し、指導する。それほど厳しく対応しない場合でも、「あぁ、またやってしまった！　しかたないなぁ、認知症だから…」と諦め顔で、あるいは妙に優しい声掛けとともに清拭や水洗などの後始末をするであろう。しかしそのときの認知症の人には、汚したものを隠してしまいたい、恥ずかしい、家族や介護者に迷惑をかけて申し訳ないという思い、もう自分はだめだという無力感が溢れているのである。そのなかで介護され、注意されたり指導されるとき、そこには屈辱感と情けなさがいや増しているであろう。そして同時に、そこにはこれらの苦しみを〈わかってもらえない苦しみ〉があるのである。

　ときには認知症の人もこの〈わかってもらえない苦しみ〉から介護者に反発し抵抗する場合がある。すると今度はそれが介護者に【介護拒否・攻撃性】とみなされ、これもまた認知症の症状のひとつとして扱われる。このような認知症の人の屈辱や情けなさ、怒り、わかってもらえない苦しみは、【失禁と排泄】や【介護拒否・攻撃性】といった「周辺症状」に気をとられている介護者には思いもよらないのかもしれない。しかしそこには認知症の人の二重の苦しみが存在しているのである。それらは〈想い出せない苦しみ〉であり、それに加わり重なる〈わかってもらえない苦しみ〉なのである。

認知症の人と介護者双方の〈わかってもらえない苦しみ〉

　他方、介護者にも認知症の人に〈わかってもらえない苦しみ〉がある。認知症の人には〈想い出せない苦しみ〉とそれに対するコーピングを「周辺症状」と受け取られるという介護者に〈わかってもらえない〉苦しみがあり、介護者には、いくら説明して説得しても認知症の人に〈わかってもらえない〉と思う介護者の苦しみがある。認知症ケアの現場には認知症の人の〈わかってもらえない苦しみ〉と介護者の〈わかってもらえない苦しみ〉が混在し交錯して悪循環しているのである。

　その双方の〈わかってもらえない〉という思いは相互に作用していて、それは認知症の人の体験から見ると次のように現れている。認知症の人の〈想い出せない苦しみ〉が不安と不安定と緊張を生み出し、認知症の人はそれに対してコーピングをする。例えば、安静が必要なのに認知症の患者はナースコールなしに立ち上がる。しかしそれは介護者には不穏・周辺症状として現れ、その言動は抑えられたり注意され、コーピングとわかってもらえない。すると認知症の人は反発し、ときに暴れたり介護拒否もする。しかしこの反発や拒否も介護者には「周辺症状」として現れ、認知症の人はさらに注意され、抑制されるといった理不尽な扱いを受ける。その結果、介護者に〈わかってもらえない〉ことに加えて理不尽な抑制への反発から抵抗はますます強くなり、それに対して介護者の注意と抑制もさらに強くなってと、…悪循環である。

　ところがこの同じ事態が介護者には次のように体験される。介護者は認知症の人の訴えとニーズに誠実に応えるが、その訴えと要求は収まることなく繰り返される。このときの介護者の想いは〈介護をわかってもらえない〉である。それでも誠意をもって応対するが、訴えと要求は繰り返され、〈もう！　わかってもらえない！〉と苛立つ。すると認知症の人に反発され、〈わかってもらえない！　やはりこれは認知症だからか？〉と思いつつ、根気強く説得するが反発と拒否はさらに強くなる。〈どうしてもわかってもらえない！　もう時間の無駄だ〉と対応をあきらめ、これも業務と考えて

わりきって抑制をするしかないと思うが、本音は（先が見えない、疲れる。もうやりたくない）との思いである。そして今はもう問題を起こさない、安全確保と効率のみを考えて業務をこなそうと決心し仕事に向かう。その結果、ますます認知症の人から心は離れ、またまた反発と拒否に合い、関係は悪化する。…これが〈わかってもらえない苦しみ〉の悪循環である。

認知症の人の増幅する苦しみ

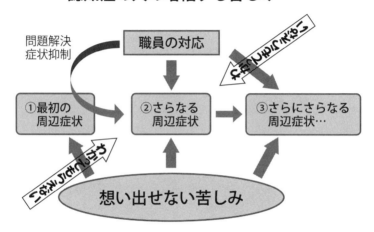

ここには認知症の人にも、介護者にも、双方に〈わかってもらえない苦しみ〉が存在し、悪循環して増幅している。しかしそれらはただ混在し流動しているのではない。〈想い出せない苦しみ〉と〈わかってもらえない苦しみ〉の悪循環から発生する「周辺症状」にも原因と構造があり、その悪循環にはメカニズムがある。それは認知症の【一次的周辺症状】と【二次的周辺症状】である。

認知症の【一次的周辺症状】と【二次的周辺症状】

認知症の人の〈想い出せない苦しみ〉に対するコーピングを【一次的周辺症状】とし、〈わかってもらえない苦しみ〉に対する反応や反発を【二

次的周辺症状】と分類した場合、自分のいる場所も時間も他人（ひと）も自分自身も言葉もうまく想い出せないとき、認知症の人は世界の〈意味のつながり〉を失い、その不明と不安、不安定と緊張から逃れようとさまざまなことを試みる。探し回り、身近な人や周囲の人に不安を訴え、質問し、確認を求めて行動する。これらは認知症の人のコーピングなのだが、このコーピングが周りには「徘徊」、「際限のない質問や確認」、「帰宅願望」、「もの盗られ妄想」、「失見当識」といった認知症が原因の「周辺症状」と認識される。それゆえこれらの「周辺症状」は認知症の人の〈想い出せない苦しみ〉に対するコーピングに由来する【一次的周辺症状】といえるであろう。他方、「無気力」や「介護拒否」、「暴言・暴力」などは介護者に〈わかってもらえない苦しみ〉に対する反応や反発から生まれる【二次的周辺症状】と考えることができる。このようにわれわれは認知症の周辺症状を、そのもとにある２種類の〈苦しみ〉に対するコーピングから分類することで、多種多様な周辺症状への対応に手がかりを得ることができるのである。

　認知症の人の訴えを「症状」と捉え、〈症状対応の認知症ケア〉に専心する介護者には認知症の周辺症状はどれも同じ対応困難な「症状」に見え、【一次的周辺症状】が認知症の人の〈想い出せない苦しみ〉がもとになっているとは思いもよらないであろう。そもそも〈想い出せない苦しみ〉という考えが介護者の認識にないのでこのことは分かりようがないのである。そしてまたこの認識がないことが認知症の人の〈わかってもらえない苦しみ〉を生み出す。つまり自分の〈苦しみ〉とそのコーピングが「症状」として扱われる対応に、そうじゃない！　わかってもらえない！　という思いが生れ、それが介護する人へのあきらめや反発や拒否となり、場合によっては強い言葉や行動となる。すると、そのあきらめや反発や拒否が介護者には【無気力、介護拒否、暴言・暴力】などの「周辺症状」として認識されて対応され、さらに認知症の人は〈わかってもらえない苦しみ〉が増大して混乱し、孤独に落ち込み、もとの〈想い出せない苦しみ〉も増悪するという悪循環を生む。これが【二次的周辺症状】の実態であろう。このように、〈症状対応の認知症ケア〉では〈苦しみ〉は次々と連鎖し互いに

増幅して増大していく。介護者も認知症の人も互いに相手に〈わかっても
らえない〉ことで両者の関係は悪化し、不信と反発が増幅する悪循環を生
み出していくのである。

一次的周辺症状と二次的周辺症状

〈想い出せない苦しみ〉と〈わかってもらえない苦しみ〉が〈原因〉となって
一次的周辺症状と二次的周辺症状が表出する〈多重構造〉

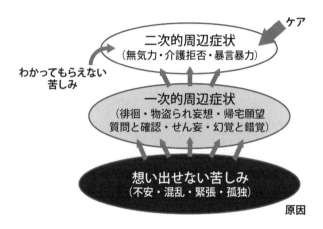

周辺症状の構造化

　ここからわれわれは認知症の「周辺症状」をその発生の原因から2つに
分類することができる。すなわち、認知症の人の〈想い出せない苦しみ〉
に対するコーピングが「症状」であると受け取られ、「際限のない質問や
確認」、「徘徊」、「帰宅願望」、「もの盗られ妄想」、「失見当識」などとされ
る場合、これらは〈想い出せない苦しみ〉が原因となって発生する【一次
的周辺症状】と分類されるべきであろう。他方、「無気力」、「介護拒否」、
「暴言・暴力」などは、介護者に〈わかってもらえない苦しみ〉が原因と
なる【二次的周辺症状】と分類することができる。これをもとに、【一次
的周辺症状】が認知症の人の〈想い出せない苦しみ〉へのコーピングであ
ることを介護者にわかってもらえないことが【二次的周辺症状】を生み出

すのだと構造化することができるのである。

　この構造化にもとづいて〈苦しみを和らげる認知症ケア〉を実践する指針が明らかになる。それは、認知症の人にかかわるのは【一次的周辺症状】ではなく、【二次的周辺症状】のケアから始めるべきだということである。何をおいても認知症の人の〈苦しみ〉を聴き、認知症の人が「わかってもらえた！」と思えるかかわりをすることで、「無気力」、「介護拒否」、「暴言・暴力」などの【二次的周辺症状】は和らぎ、消失する。これが認知症ケアへの手がかりである。そして、まずは認知症の人の〈わかってもらえない苦しみ〉を聴き、相手に選ばれ、拒否がなくなることをケアの目標とする。ここにわれわれが探究している〈苦しみを和らげる認知症ケア〉の入り口があるのである。

〈苦しみを和らげる認知症ケア〉の入り口

　認知症の人に選ばれ、拒否がなくなること、ここが〈苦しみを和らげる認知症ケア〉の入り口である。この入り口を通るには認知症の人の〈想い出せない苦しみ〉からの不明と不安定に意識を向けて不安と苦しみを聴くことが重要である。それは「症状」に潜在する〈想い出せない苦しみ〉を認知症の人が「わかってもらえた！」と実感できて、この人には反発も拒否も必要ないと、わかってくれる人として認知症の人から選ばれることである。ここにすべてがかかっている。これができると認知症の人は〈苦しみ〉から生まれる不明と不安定、不安と緊張を語ることができ、語ることで〈想い出せない苦しみ〉から解放されて、無用なコーピングに没頭する必要がなくなるのである。そのとき初めて心からくつろぐことができ、安心と安定を得て自分をとりもどす。自律の回復である。それゆえわれわれが認知症ケアで最初に為すべきことは、認知症の人に選ばれ、拒否がなくなり、語ることができること。これが〈苦しみを和らげる認知症ケア〉の入り口であり、出発点なのである。

事例１：認知症の人の入浴拒否（症状対応の認知症ケア）

　それでは以下に〈症状対応の認知症ケア〉と〈苦しみを和らげる認知症ケア〉の２つの事例を用いてそれぞれの「介護拒否」に対する応対を考えてみよう。最初の会話記録は、認知症の人の〈想い出せない苦しみ〉に〈わかってもらえない苦しみ〉が加わって認知症の人の反発と介護拒否を招き、それがまた介護者自身の〈わかってもらえない苦しみ〉となって悪循環していく「介護拒否」の場面である。

　それに続いて〈苦しみを和らげる認知症ケア〉の「援助」の場面の会話記録とそのもとになる援助理論を事例で示してみたい。

　最初の会話記録は認知症の人の入浴拒否の場面である。

◆デイサービスで入浴を拒否する A さん。来所中いつも無言で臥床していることが多い。B は A さんの娘さんにも言われていて、今日こそ何とかお風呂にと説得しようとする。

（A さん：男性の認知症高齢者　B：デイサービス職員）

B１：A さん、今日は一番風呂を準備しましたからね、お風呂に入ってくださいね。もう、２週間も入っていませんよ。

A１：（聞きとれないほどの小さな声で）…お風呂はいりません。

B２：折角、一番風呂を準備したのに。さあ。

A２：頭が痛くて、ふらふらするんです。

B３：お熱と血圧をはかりますね（体温と血圧を測る）。どちらも正常。大丈夫ですよ。

A３：頭がふらふらするんです。今日はいりません。

B４：いつもそうやってお風呂に入らないでしょう。娘さんにもデイに来たらお風呂に入るようにって言われているでしょう？

A４：死にそうなんです。

B５：もうっ、お風呂に入らないと病気になってしまいますよ。…そんなに気分が悪いんだったら病院に行きますか？（手を取ってお風呂に誘導する）

A５：（ふらふら立ち上がり、大声で）アーっ　いやだ、やだって！

```
B6：あ、危ないですよ。（転倒しないようにAさんを抑える）
A6：ウオーッ（激しく抵抗して殴りかかる）
B7：ちょっとーっ　誰か来てー！
```

　介護の現場でよくみられる入浴拒否の場面である。今回もこの会話記録に示されている体験の流れに従って、認知症の人Aさんとそれに応対する介護職員Bのそれぞれの言葉とそのときの気がかり（意識の志向性）と現れを現象学を用いて分析し、双方の相互作用が生む体験を体験そのものとして分析することでそこに現れる認知症のAさんと介護職員Bの〈互いにわかってもらえない〉苦しみを明らかにし、その悪循環の意味を考えたい。

職員Bと認知症のAさんの意識の「ずれ」

　まず、この会話記録を書いた職員Bの状況説明文に注目したい。「デイサービスで入浴を拒否するAさん。来所中いつも無言で臥床していることが多い。BはAさんの娘さんにも言われていて、今日こそ何とかお風呂に説得しようとする」と記述するBには、Aさんはデイに来てもいつも無言で臥床していて、いくら入浴を勧めても拒否する人として現れている。そのことをAさんの娘さんにも報告したが、逆に、デイに来たときはもっとしっかりと父をお風呂に入れるようにしてくださいと言われてしまい、今日こそ何とかAさんがお風呂に入るように説得しようとしているBの姿が想像できるのである。そこでBは、「Aさん、今日は一番風呂を準備しましたからね、お風呂に入ってくださいね。もう、2週間も入っていませんよ」と今日こそは一番風呂を準備したからぜひ入ってほしいとAさんに迫っていく。しかしそこには、今日もまたAさんに入浴を拒否されるのではないかと危ぶむ気持ちもある。すると案の定Aさんは、（聞きとれないほどの小さな声で）「…お風呂はいりません」と答える。入浴

拒否である。しかしなぜＡさんは、Ｂがせっかく一番風呂を準備してお風呂に入ってもらおうとしているのにお風呂はいりませんと答えるのだろう？　そこには、「人は意図に反応する」という原理が働いているのである。

人は意図に反応する

　われわれは誰かに関わるとき、相手の話の内容にではなく、その話をする相手の意図に反応する場合がある。例えば、あまり親しくない誰かが急に私に何か私が得をするような、利益になる話をしてくる場合、その話の内容に驚きつつ、この人は何が目的なのだろうと考える。そういう場合、相手の話の中身よりその意図が気にならないだろうか？　あるいは、認知症の人が「家に帰る」と繰り返し訴えるとき、職員は際限のない訴えに「今日はもう暗いし、帰りのバスはありませんよ。明日にしましょう」とか、「さっきご主人から電話があって、今日はここにお泊まりと言っていましたよ」と苦しまぎれの嘘をつく。しかしそのとき、認知症の人は説明の内容にではなく、その職員の意図（ここに泊まってもらおう）に反応しているかもしれない。それでさらに「家に帰る」の訴えは続くのである。…そこでＡさんである。ＡさんはＢがせっかく一番風呂を準備してお風呂に入ってもらおうとしているのに、お風呂はいりませんと答える。なぜだろう？　その理由は、Ａさんは一番風呂を準備してお風呂に入ってもらおうというＢの勧めに潜在するＢの意図に反応しているのである。Ａさんが直観するＢの意図とは「業務」である。Ａさんの苦しみを和らげることではない。ＢはＡさんにお風呂に入ってもらわないと困るのである。それゆえ、ＢはＡさんの「…お風呂はいりません」に対して（どうしたんだろう？）「どこか具合が悪いのですか？」とＡさんの体調を気遣ったり、その苦しみを聴こうとはしない。ＢはＡさんの苦しみを和らげる「援助」を意図しているわけではなく、「業務」を進めたいのである。そして、人は相手の意図に反応する。その結果、ＡさんはＢの（無自覚の）業務志向に反発し、自分の苦しみをわかってもらえない人には何であれ、拒否を

返すのである。そしてＡさんはＢに自分の〈苦しみ〉を語ることはない。相手が自分を気遣ってくれて、〈苦しみ〉をわかってくれると思わない限り、Ａさんはお風呂に入る気にはなれないのである。

敵か味方か

しかしＢは、Ａさんが自分の（無自覚の）業務志向に反発して「お風呂はいらない」と言っているとは思わないで、「折角、一番風呂を準備したのに。さあ」とさらにお風呂を勧める。このときのキーワードは、「折角（私が）〜したのに」である。これは努力や期待が酬いられなくて残念だという気持ちを表している[4]。Ｂは今日こそお風呂に入ってもらおうと一番風呂まで準備したのにその努力や期待が酬いられなくて残念だと言っているのである。しかしその努力や期待は誰のためか？　また、何のためなのか？　それを認知症の人は鋭く見抜く。その意図を察知して反応するのである。さらに、われわれは常に認知症の人の〈想い出せない苦しみ〉のことを忘れてはならない。それは、経験したことの一部を丸ごと想い出せないことで世界が意味のつながりを失い、世界の再構成ができない不明と不安定、不安と緊張の苦しみである。認知症の人はどのような場合にも、どのような場面であっても常にこの不明と不安定、不安と緊張のなかにあって、この人は私の〈苦しみ〉をわかってくれるか、あるいは気遣って聴いてくれるかを直感的に識別し、敵か味方かを考えている。なぜなら認知症の人にとって相手が自分の〈苦しみ〉をわかってくれるかどうかは自己の存在と意味に関わる重大事だからである。この人はわかってくれる！あるいは、わかってくれない！　ということが認知症の人に選ばれる雰囲気になり、認知症の人に接するときの可否はすべてここにかかっているのである。敵か味方かである。

4　広辞苑 第四版, 岩波書店, 1998年,「折角」の項

雰囲気の研究

　もし認知症の人の介護をしたければ、われわれはまず認知症の人に選ばれなければならない。そしてそれは、そのときの介護者の雰囲気で決まるのである。認知症の人は言葉は遅くても直感は鋭い。認知症の人に選ばれる雰囲気の人。それはこちらの意識の志向性を相手の〈想い出せない苦しみ〉に向けてその苦しみを聴こうとする人であり、認知症の人の沈黙にもちょっと待つことができる人である。その姿勢が雰囲気となり、認知症の人は「この人は聴いてくれる！」「わかってくれる！」と直感するのである。これが認知症の人に選ばれる人の雰囲気であり、認知症の人はその人の介護を受け容れる。しかし介護者の意識が業務に向けられていると、認知症の人は「この人はわかってくれない」と直感し、反発してどのような申し出も拒否する。雰囲気がよくないのである。だから認知症の人はその人の介護は受け容れない。これが【介護拒否】である。われわれ介護する者は、常に認知症の人の〈想い出せない苦しみ〉を思いやり、その〈苦しみ〉を意識して聴こうとすることである。そして自分は認知症の人にとって敵なのか味方なのか、選ばれているか、拒まれているかを考えること、これが〈苦しみを和らげる認知症ケア〉を行う者の雰囲気の研究なのである。

わかってもらえないと拒否はますます強くなる

　認知症の人に選ばれる雰囲気は訓練で身につけられる。「わかってくれる人」として認知症の人に選ばれるための基本の姿勢は、介護者の意識の志向性を〈想い出せない苦しみ〉に向けてまず聴こうとすることである。認知症の人は相手の苦しみを気遣い、苦しみを和らげようとするわれわれの意図に反応する。そしてそれ以外の意図は拒否と反発に出合う。これが「周辺症状」【介護拒否】といわれるものが生まれる現場の真実であろう。しかし、業務の遂行に意識がある介護者はそのときの自分の意図に無自覚である。それゆえ、その無自覚な自分の意図に反応する認知症の人の拒否

に出合って驚き、この予想外の反応あるいは突然の反発に戸惑うのである。なぜ？　どうして？　せっかく認知症の人のためを思って、誠意をもって手助けしているのに？　と。その結果、これが介護者の〈わかってもらえない苦しみ〉となり、認知症の人は何を考えているのかわからない、理解できない、怖いという感情を生み、認知症の人との関係がますます不安と緊張に満ちた不安定なものになっていくのである。

　しかしＢは、自分の意図に反応するＡさんの拒否にもかかわらずお風呂を促す。すると苦しみを聴こうともしないでお風呂を勧めるＢの意図に反発するＡさんは、そんな複雑なことは言えず、「頭が痛くて、ふらふらするんです」とＢにもわかる拒否の言い訳を言う。ほんとうは（あなたは私の苦しみを聴こうともしない。そんな人の言うことなんかきけない）と言いたいのかもしれないが。するとＢは、（頭が痛くて、ふらふらするというなら）「お熱と血圧をはかりますね（体温と血圧を測る）。どちらも正常。大丈夫ですよ」とＡさんの拒否の言い訳を医学で否定して'拒否'を封じようとする。そのときのＡさんの実感は（あぁ、そうじゃないんだ。この人わかってくれない！）ではないだろうか。それゆえＡさんはなおも「頭がふらふらするんです。今日はいりません」と拒否を繰り返す。相手にわかってもらえないと拒否はますます強くなるのである。

活気のない無気力な人の苦しみは？

　Ａさんの「頭が痛くて、ふらふらするんです」は、ただの言い訳にすぎないと思うＢは、体温も血圧も正常、だから「頭が痛くて、ふらふらする」はずがない。いつもそうやってお風呂に入らないんだから！　とＡさんの「頭が痛い」、「ふらふらする」の訴えに取りあわない。しかしこのときのＢの言葉、「いつも」が重要である。Ｂは冒頭の状況説明にも「Ａさんはデイではいつも無言で臥床していることが多い」と記述している。そして「いつもそうやってお風呂に入らない」というのである。つまりＢには、Ａさんはデイではいつも無言で臥床している、活気のない無気力

な人で、お風呂を勧めてもいつもそうやってお風呂を断る人、他のことも何を勧めても「いらない」と拒否する人と現れているのではないだろうか。「「気分が落ち込んで無気力な状態」は「意欲低下・アパシー」ともいわれる。アパシーとは、家族やまわりの人からの情報より、「趣味をしなくなった」「テレビも見なくなった」「ひきこもるようになった」といった意欲の低下、自発性の低下、無気力など、意欲の障害全体を表す言葉として用いられることが多い[5]」という。そしてアパシーは、誰かの勧めには静かな拒否、控えめなお断りとして示される。しかしその意欲の低下、自発性の低下、無気力には認知症の人の〈想い出せない苦しみ〉が潜んでいるのである。

【意欲低下・アパシー】は認知症の人のコーピングである

この【意欲低下・アパシー】と呼ばれる認知症の「周辺症状」を認知症のAさんの体験から考えてみると、それは不明と不安定、不安と緊張に疲れた認知症の人のコーピングではないだろうか。経験したことを〈想い出せない〉ことからものごとが意味のつながりを失い、世界の再構成ができない不明と不安定、不安と緊張のなかにいる認知症の人は確かなものを求めて歩き回り、尋ねまわることに疲れた、そして誰にもわかってもらえない、誰にも聴いてもらえないと絶望している認知症の人は孤独である。もうすべてあきらめて自分に閉じこもり、どのような促しも誘いも断ることで一時の仮の安定を保とうとする。これは〈想い出せない苦しみ〉に疲れ、何もかもあきらめ、孤独のうちに絶望した認知症の人の最後のコーピング。それが「周辺症状」の【意欲低下・アパシー】といわれるものではないだろうか。

Aさんの「いつも無言で臥床…」は意欲低下・アパシーではなく、コーピングである。そう考えると、それへのBの執拗なお風呂の勧めと説得

5　藤﨑あかり：日本看護協会編『認知症ケアガイドブック』2016年，pp.96-97

はＡさんには〈苦しみ〉をわかってもらえない侵害であり、そのために
Ａさんの必死のコーピングは仮の安定を破られてしまう。そこでＡさん
は「死にそうなんです」とＢに訴えるが、それはＢには大げさな言い訳
に聞こえ、「もうっ、お風呂に入らないと病気になってしまいますよ。…
そんなに気分が悪いんだったら病院に行きますか？」とＡさんの手を取
ってお風呂に誘導する。

コーピングの侵害：「ウオーッ（激しく抵抗して殴りかかる）」

　Ｂの誘導にＡさんはふらふらと立ち上がり、大声で「アーっ　いやだ、
やだって！」と叫ぶ。しかしそのときＢはＡさんが転倒しそうに見えて、
思わず「あ、危ないですよ」とＡさんが転倒しないように抑えるとＡさ
んは「ウオーッ」と激しく抵抗して殴りかかる。このＡさんが「ウオー
ッ」と激しく抵抗して殴りかかるのは、認知症の「周辺症状」【暴言・暴
力】になるのだろうか？　あの無気力なＡさんが突然、「ウオーッ」と激
しく抵抗して殴りかかるなんて！　と驚いたＢにはそう思えたかもしれな
い。しかしＡさんは決して暴言（礼を失した乱暴なことば[6]）を吐いて
いないし、Ｂに激しく抵抗して殴りかかったのも、暴力（相手の身体に害を
およぼすような不当な力や行為[7]）を働いたわけでもない。Ａさんはただ、
不安定と不安と緊張と孤独のなかでいつものように無言で臥床していたの
にＢがしつこくお風呂を勧めるので「いやだ！」と大声を上げて抵抗し
ただけなのである。そこには介護拒否はあるが暴言や暴力はない。安静は
必死のコーピングなのだ。ではなぜＡさんはＢに激しく抵抗して殴りか
かったのか？　それは、Ｂが「転倒しないように抑える」からである。

6　広辞苑 第四版, 岩波書店, 1998 年,「暴言」の項
7　同上書,「暴力」の項

抑えると反発する身体：実存的身体

　身体は、抑えると反発する。押すと押し返し、引くと引っぱる。これは私の意志や思考や意図に先立つ「実存的身体」が反応しているのである。「実存的身体」とはその人自身が体験している身体のことであり、治療などの対象とされる客観的な物体的身体とは異なる。具体的には「痛みに反応し、緊張で手に汗をにぎる身体であり、足下（あしもと）を見ることなく階段を降りる身体、睡眠時に寝返りをうち、体温、呼吸、血圧、脈拍を調節し、せん妄への拘束に激しく抵抗する身体である。純粋な主観でもなく、客観的な物体でもない、自己意識の手前で生きている、自律的で「前人称的[8]」な身体[9]」のことをいう。

　Bの執拗な入浴の勧めに対して、なぜ、どのように嫌なのかを言葉で言えないいらだちと怒りのなかで、AさんはBに手を取られて何か言おうとふらふらと立ち上がったが、その様子にBは「あ、危ないですよ」とAさんが転倒しないように抑えた。そのときのAさんの身体（実存的身体）は、その「抑えられた」ことに反応してBに激しく抵抗し、殴りかかったのである。Bは驚いたかもしれないがAさんはBに対して相手の身体に害をおよぼすような不当な力や行為をしたわけでもなく、暴力をふるったのでもないのである。

介護者の関わりで生み出される【二次的周辺症状】

　もしこのときのAさんの「アーっ　いやだ、やだって！」という大声や、「ウオーッ」と激しく抵抗して殴りかかるのを認知症の「周辺症状」【暴言・暴力】あるいは【攻撃性】と呼ぶのなら、それは認知症に固有の症状ではない。これはせん妄の患者にも、意思をうまく言葉にできない障害者にも

8　熊野純彦『メルロ゠ポンティ』，NHK出版，2005年，p.72
9　村田久行・長久栄子編著『せん妄』日本評論社，2014年，p.134

ありうることであり、むしろそれは職員Bの関わりによって生み出された【二次的周辺症状】と言うべきであろう。

　認知症の【一次的周辺症状】と言われるものは認知症の人の〈想い出せない苦しみ〉に対するコーピングを「症状」と見ることから生まれるが、【二次的周辺症状】は多くの場合、介護者に〈わかってもらえない〉ことへのあきらめや反発や拒否から生みだされる。認知症の人が介護者に少しも聴いてもらえず、そこで生まれた〈わかってもらえない苦しみ〉が原因となって無気力、介護拒否、暴言・暴力が起こるのである。

　この場面のAさんも、Bの執拗な入浴の勧めに〈わかってもらえない苦しみ〉が鬱積していたのをBが「あ、危ないですよ」とAさんが転倒しないように抑えたことに反発して、「アーっ　いやだ、やだって！」、「ウオーッ」と激しく抵抗して殴りかかったのである。

【二次的周辺症状】への‘ケア’から始まる〈認知症ケア〉

　認知症の【一次的周辺症状】と呼ばれるものは〈想い出せない苦しみ〉への認知症の人のコーピングである。これらは認知症の認知機能障害のもとになる神経変性疾患や脳血管障害等が治療できない限り、その〈苦しみ〉へのコーピングは発生を止めることは難しい。しかし一方、無気力、介護拒否、暴言・暴力などの【二次的周辺症状】といわれるものは、認知症の人が介護者に〈わかってもらえない〉ことから生み出されるので、介護者の関わり方が変わり、認知症の人が〈わかってもらえた！〉と実感できる応対になれば、つまり介護者が関係性にもとづき、関係の力で認知症の人の苦しみを和らげ、軽くし、なくする‘ケア’を実践できれば、その〈わかってもらえない苦しみ〉は和らぎ、介護者に対する介護拒否、暴言・暴力や無気力などの【二次的周辺症状】は消えると考えることができる。ここに〈苦しみを和らげる認知症ケア〉という新たな認知症ケアへの可能性が存在するのである。

苦しみを和らげる認知症ケアの入口

想い出せない苦しみ（世界の不明と混乱、不安と緊張）

↓

安心・安定・確信を得ようとするコーピング

↓

【一次的周辺症状】

（際限のない質問と確認、徘徊、帰宅願望、幻視や妄想、失行、失語など）

↓

「周辺症状」の指摘や誘導や指導

↓

わかってもらえない苦しみ（イライラ、怒り、孤独、無力）

↓

反発・拒否・訴えのコーピング

↓

【二次的周辺症状】

（無気力、介護拒否、暴言・暴力など）

　次の事例は、〈苦しみを和らげる認知症ケア〉の「援助」の場面とその基礎となる援助理論である。会話記録は最初の認知症の人の入浴拒否の場面の続きである。

事例２：入浴拒否から〈苦しみを和らげる認知症ケア〉へ（続き）

　職員Ｂへの「暴言・暴力」とも思えるＡさんの言動は、ＢがＡさんの〈想い出せない苦しみ〉に共感と理解を示さずに、ただひたすらお風呂を勧めて入浴してもらおうと説得した結果、Ａさんの〈わかってもらえない苦しみ〉が爆発して反発と介護拒否を生んだものと考えられる。Ｂの「ちょっとーっ　誰か来てー！」は助けを求める悲痛な叫びである。それでは次に、その叫び声を聞いてかけつけた職員ＣとＡさんとの会話をみてみよう。Ｃはすでに研修で〈苦しみを和らげる認知症ケア〉を学び、実践している。このＣとの関わりでＡさんの〈わかってもらえない苦しみ〉が和らぎ、さらにＡさんの〈想い出

せない苦しみ〉に対する的外れのコーピングも自律のコーピングへと促される。
ここに新たな認知症ケアへの入り口がある。そのとき現場でいったい何が起こったのか？　Aさんの入浴拒否があった後に職員Cが行った〈苦しみを和らげる認知症ケア〉を詳しくふりかえってみたい。その会話記録は以下のものである。

◆デイサービスで入浴を拒否するAさん。来所中いつも無言で臥床していることが多い。しかし職員Bに強引にお風呂に誘導されたため、Aさんは拒否し、反発して殴りかかった。その場にCも駆けつけ、なんとか皆で落ち着くことができた。Aさんは今は休憩室で休んでいる。CはAさんのことが気になり、'ケア' のために訪室した。
（Aさん：男性の認知症高齢者　C：デイサービスの職員でBの上司）

C1：Aさん、気分はどうですか？
A1：少し、気分が悪いんです。今日は、お風呂には入れません。
C2：Aさん、少し気分が悪いんですね。（ちょっと待つ）
A2：頭が痛くて、ふらふらするんです。
C3：頭が痛くて、ふらふらするんですね。（ちょっと待つ）
A3：…（沈黙の後、突然、泣き出す）…
C4：…Aさん、頭が痛くて、ふらふらするんですね。（そっとAさんの肩にふれる）
A4：（うなずいて泣き止み、しばらくして）何でオレは、ここに来るんだ？
C5：Aさんは、何で自分はここに来るのかって思っているんですね。
A5：（うなずき、その後しばらく沈黙・・・）オレは何をしにここに来るんだ？
C6：Aさんは、自分が何をしにここに来るんだって思うんですね。
A6：（うなずき、その後、しばらく沈黙‥）わからんのよ…オレは、何者か・・・わからんのよ。（泣き出しそうな顔）
C7：Aさんは、自分が、何者なのかわからない。そう思っているんですね。
A7：何にもわからなくて・・・
C8：（手をとる）何もわからないと思うんですね。想いだせないのだろうか。

> Ａ８：（ため息をつき、うなずいて）わからんわけよ。
> Ｃ９：Ａさんは、ここに来ること、何しに来るのか、自分が何者なの
> 　　　か想い出せなくて、わからないって思っていて、今、苦しいん
> 　　　ですね。
> Ａ９：・・・うん。（長い沈黙・・・）
> Ｃ10：（しばらく待つ・・・）
> Ａ10：はぁ・・・今日は、ここに居ていいね？
> Ｃ11：はい。ここに居ていいですよ。私もしばらくＡさんの傍にいて
> 　　　もいいですか？
> Ａ11：いいよ。しばらく横になるか。（目を閉じ、やがて穏やかに寝
> 　　　入る）
> （その後、Ａさんは目覚めて、Ｂと訪室したＣにお風呂に入ると言う。
> それを聞いてＢは驚いたという）

　これは驚くべき展開である。あれほど興奮して大声で叫び、Ｂになぐり
かかったＡさんがＣに傾聴してもらい、ひと眠りした後、自分からお風
呂に入ると言う。いったい現場で何が起こったのか？　職員Ｃの実践する
〈苦しみを和らげる認知症ケア〉とは何であったのか？　今回もこの会話記
録に示されている会話の流れに従って認知症のＡさんとそれに応対する
職員Ｃのそれぞれの言葉とそのときの気がかり（意識の志向性）を現象
学を用いて分析したい。そしてそこに現れている認知症のＡさんと介護
職員Ｃの体験とその体験の意味を明らかにし、そこで実現した〈苦しみ
を和らげる認知症ケア〉の意味を解明をしようと思う。

出会いが大切　〜Ａさんの苦しみを意識する

　Ａさんの入浴拒否と職員Ｂとのトラブルを収め、休憩室で休んでいる
Ａさんを訪室した職員Ｃの状況説明文には、「Ａさんは今は休憩室で休ん
でいる。ＣはＡさんのことが気になり、'ケア'のために訪室した」と書
かれている。この場合の'ケア'とは、関係性にもとづき、関係の力で苦

しみを和らげ、軽くし、なくする援助[10]であり、職員Cは〈苦しみを和らげる認知症ケア〉を意識してAさんを訪室したのである。

　援助とは、苦しみを和らげ、軽くし、なくすることである。それゆえ、Cの意識の志向性は認知症のAさんの苦しみに向けられ、その苦しみは入浴を拒否したときのトラブルが生んだ不安と不安定と緊張であると同時に、Aさんが認知症であるゆえの、世界が意味のつながりを失い、世界の再構成ができない不明と混乱、不安と緊張であると考えて、その苦しみを和らげるケアを行いたいと意識しているのである。

　C1：Aさん、気分はどうですか？
　A1：少し、気分が悪いんです。今日は、お風呂には入れません。
　C2：Aさん、少し気分が悪いんですね。（ちょっと待つ）
　A2：頭が痛くて、ふらふらするんです。
　C3：頭が痛くて、ふらふらするんですね。（ちょっと待つ）

傾聴・反復で信頼の関係を形成する

　「Aさん、気分はどうですか？」とCはAさんの苦しみを気遣って声をかけている。これはただの声掛けではない。Aさんの援助を意図して声を掛けているのである。人は相手の意図に反応する。その援助という意図にAさんが反応することを考えてCは自分の意識の志向性を相手の苦しみに向けることや、'反復'と'ちょっと待つ'という傾聴の技法を駆使する。そのことで相手の苦しみを和らげ、自分が相手に援助者として現れることを意図して声を掛けている。それは自分がAさんにとって安心な人、味方として現れる工夫をしているのである。するとAさんは「少し、気分が悪いんです。今日は、お風呂には入れません」と言う。それに対してCは、「Aさん、少し気分が悪いんですね」と応じて、ちょっと待

10　村田久行『改訂増補　ケアの思想と対人援助』川島書店，2012年，p.67

っている。ここにすでに傾聴の「反復」という技法と「ちょっと待つ」という技法が使われている。「反復」とは、相手の言った言葉のメッセージの部分を、言い換えずにそのまま相手に返す援助的コミュニケーション[11]の技法である。ではここで、CはなぜAさんの「少し、気分が悪いんです」に対して「Aさん、少し気分が悪いんですね」と反復するのだろう？　それはAさんが今、少し気分が悪いことを「わかってもらえた！」「受け取ってもらえた」と実感できるためである。認知症の人にとって、「わかってもらえない苦しみ」が介護者に対する介護拒否、暴言・暴力や無気力などの【二次的周辺症状】を生み出すことは既に述べた。それゆえCは訪室の最初にあらゆる機会を捉えてAさんが「わかってもらえた！」と実感できることを意識している。そこからCは敵ではない、味方だと信頼できる関係を得ようとしているのである。

反復をしないことも重要である

そしてさらにここで重要なのは、CはAさんの「今日は、お風呂には入れません」を反復していないことである。なぜCはAさんの「今日は、お風呂には入れません」を反復しないのか？　それは、Aさんが「少し、気分が悪いんです」の後に「今日は、お風呂には入れません」と言うのは、Aさんは「少し、気分が悪い」を理由にして、今日はお風呂には入らない、あるいは入りたくないと言いたいのだと判断したからである。つまり、そのときのAさんにはCは職員Bと同じくお風呂を勧めに来た人として現れていて、もしここでCが「今日は、お風呂には入れないんですね」と反復するとCはまさにAさんにお風呂を勧めに来た人となってしまい、その結果、Aさんの「少し、気分が悪いんです」はAさんのお風呂に入らない拒否の理由となり、そのことでAさんの意識の志向性はお風呂に入る・入らないに向けられて、Cは自分の苦しみを聴いてくれる人ではな

11　援助的コミュニケーションについては、第4章で詳述する。

くお風呂を勧める業務の人としての現れが確定してしまうからである。それゆえＣは、意識的に反復を「Ａさん、少し気分が悪いんですね」で止め、Ａさんの「今日は、お風呂には入れません」を反復しないのである。そのことでＣは自分がＡさんに苦しみを聴いてくれる人として現れる工夫をしているのである。

　このように、反復という技法を使う場合は相手の言葉のどれを反復するのか、あるいはどこは反復しないのかを瞬時に判断しなければならない。関係の力で相手の苦しみを和らげる認知症ケアでは、相手の言葉のどの部分を反復するか・しないかで、一瞬にして相手にとってのこちらの現れが変わり、相手との関係が変化するからである。そのことで相手に自分が援助者として現れ、相手が「わかってもらえた！」と実感できる信頼の関係を形成するように努めるのである。

ちょっと待つことで信頼を示し、語りを促す

　そして認知症の人に対しては、「ちょっと待つ」ことが大切である。

C2：Ａさん、少し気分が悪いんですね。（ちょっと待つ）
A2：頭が痛くて、ふらふらするんです。
C3：頭が痛くて、ふらふらするんですね。（ちょっと待つ）

　ＣはＡさんに「Ａさん、少し気分が悪いんですね」と反復した後に（ちょっと待つ）としている。これは不明と不安、不安定と緊張のなかにいるＡさんに信頼を示し、Ａさんが安定と余裕をとりもどす時間を提供してＡさんの語りを促しているのである。

ちょっと待つことの援助的意味

　認知症の人に対してちょっと待つことには３つの援助的意味があると思

える。ゆっくり言葉を選んでお話くださいと、相手のペースに合わせて「時間と余裕を提供する」援助的意味、そしてさまざまな苦しみがあってもこちらがちょっと待つことで認知症の人も自分を取り戻せるのだと「相手に信頼を示す」援助的意味、最後に、ちょっと待つことで認知症の人が自分の〈想い出せない苦しみ〉に意識の志向性を向けてそれを言葉にするよう「語りを促す」援助的意味である。

　Cは「Aさん、少し気分が悪いんですね」と反復してちょっと待っている。するとCはAさんには、もうお風呂を勧める人ではなく、純粋に苦しみを聴いてくれる人として現れ、その結果、Aさんは安心してCに自分の体の不調を訴える。「頭が痛くて、ふらふらするんです」。これは入浴を拒否するためではなく、純粋に身体の苦しみを訴えているのである。それに応じてCは、「頭が痛くて、ふらふらするんですね」と反復でAさんに共感を示し、ちょっと待つことを実践する。ゆっくり言葉を選んでお話くださいと相手のペースに合わせて時間と余裕を提供し、さまざまな苦しみがあってもこちらがちょっと待つことでAさんは自分を取り戻せるのだと相手に信頼を示しているのである。

信頼の関係は一瞬にして形成され、一瞬にして壊れる

　人の話を聞くこと、人に聞いてもらうことは、信頼すること、そして同時に危険を冒すことであるという[12]。認知症のAさんにとって、Cに自分の苦しみを聴いてもらうことはCを信頼すること、そして同時に危険を冒すことなのである。危険を冒す？　Aさんは聴いてもらうことでどのような危険を冒しているというのだろうか。それは、わかってもらえないという危険である。人は、われわれも含めて、本心を語り、自分の内面をさらけ出したとしても相手にそれがわかってもらえないとき、失望し、怒り、傷ついて孤独になる。そして後悔して、二度と他人に本心を明かすまいと

12　デビッド・アウグスバーガー著／棚瀬喜雄訳『親身に聞く』すぐ書房, 1994年, p.143

決心する。Aさんも、Cにわかってもらえないかもしれない危険を冒して「頭が痛くて、ふらふらするんです」と今感じている苦しみを言う。するとCは「頭が痛くて、ふらふらするんですね」とAさんの言葉を言い換えずに反復して応じたので、Aさんもわかってもらえた！と安心できて、信頼と共感を実感できたのである。信頼の関係は一瞬にして形成される。しかし一瞬にして壊れることもある。CはこうしてAさんにとって苦しみを聴いてくれる人、安心して自分の苦しみを話せる人として現れることができたのである。

反復し、ちょっと待つことが現象学的還元を促す

　相手の言葉を反復してちょっと待つと、沈黙になる場合がある。それは苦しみ（気がかり）は聴いてもらい、わかってもらえた！と実感すると気が済むからである。気が済むとその話題は終わり、沈黙となる。そしてこの沈黙を待つことが不思議なことを引き起こすのである。それは現象学的還元[13]である。われわれは、認知症の人も、日々の日常において意識の志向性の働きにより、対象世界に意識を集中させて我を忘れて没頭専心している。特に認知症の人の場合、〈想い出せない苦しみ〉から世界が意味のつながりを失い、世界の再構成ができない不明と不安定のなかで不安と緊張で「際限のない質問と確認」、「徘徊」、「帰宅願望」、「もの盗られ妄想」などのコーピング【一次的周辺症状】に我を忘れて没頭専心している。あるいは介護者に〈わかってもらえない苦しみ〉から「介護拒否」、「暴言・暴力」、「無気力」などの【二次的周辺症状】に我を忘れているかもしれない。それは症状対応に没頭している介護者も同じである。そしてこれら両者双方の没頭専

13　『現象学事典』弘文堂，1994年，p.127「現象学的還元」の項には、「ではなぜ、自然的態度の働きを一瞬停止して、あえて反自然的な反省的考察に踏み入るのか。その動機は、自然的態度において人は意識の志向性により、対象的世界へと関心を炸裂させて、我を忘れて没頭専心していることにある。この自己忘却的な埋没を一瞬停止して、世界の構成にかかわる超越論的意識の志向性の働きを反省的にありのままに見つめなおそうとすることが、現象学的還元の企画にほかならない」とある。

心がまた新たな緊張と不安定を生み、互いに〈わかってもらえない苦しみ〉を増幅させる悪循環を生み出しているのだが、しかしこの没頭専心している苦しみも援助者に傾聴され、沈黙をちょっと待つという〈苦しみを和らげる認知症ケア〉の応対に出会うと、それを一瞬停止して〈想い出せない苦しみ〉に対するコーピングを反省的にありのままに見つめなおすことができる。それまで我を忘れて没頭専心していたコーピングから覚めて、【一次的周辺症状】にふりまわされることから少し離れることができるのである。平たくいえば「我に返る」のである。これが認知症の人の現象学的還元であり、われわれが〈苦しみを和らげる認知症ケア〉で認知症の人の言葉を反復し、沈黙になったときにちょっと待つことは認知症の人に現象学的還元を促しているということなのである。

初めて語られる認知症の人の〈想い出せない苦しみ〉

Aさんの場合、Cに「頭が痛くて、ふらふらするんですね」と反復されて今の苦しみがわかってもらえた！と思えることでその苦しみは済み、そこでCがちょっと待つことで沈黙となる。するとAさんは突然、泣き出すのである。なぜAさんはここで泣き出すのか？　それは、緊張が緩んだからである。Aさんの緊張は誰にもわかってもらえない孤独の苦しみからのもので、Cに苦しみがわかってもらえたことで緊張が緩み、さらにそっと肩にふれられる。するとAさんの実存的身体も安定して緊張が緩み、Aさんは泣き出すのである。

孤独とは誰にもわかってもらえない苦しみである。孤独のときは意識だけでなく身体も緊張している。認知症の人は苦しみ（体験）を「症状」と受け取られることから、いつも「わかってもらえない！」という孤独のなかにいてその意識も身体も常に緊張しているのである。CがAさんの言葉を反復して聴き、沈黙にはちょっと待ち、緊張している身体にふれるのも、このことをよく理解しているからなのである。

こうして、「頭が痛くて、ふらふらする」という身体的苦痛の訴えもC

にわかってもらえたことで和らぎ、Ｃが沈黙をちょっと待ってくれたことでＡさんはそれまでの没頭専心を一瞬停止して、意識は自分自身のより深い気がかりに向けられ、現象学的還元が起こる。我に返るのである。その結果、今まで誰にも語ることがなかったＡさんの〈想い出せない苦しみ〉が語られる。

A3：…（沈黙の後、突然、泣き出す）…

C4：…Ａさん、頭が痛くて、ふらふらするんですね。（そっとＡさんの肩にふれる）

A4：（うなずいて泣き止み、しばらくして）何でオレは、ここに来るんだ？

C5：Ａさんは、何で自分はここに来るのかって思っているんですね。

A5：（うなずき、その後しばらく沈黙…）オレは何をしにここに来るんだ？

C6：Ａさんは、自分が何をしにここに来るんだって思うんですね。

A6：（うなずき、その後、しばらく沈黙…）わからんのよ…オレは、何者か…わからんのよ。（泣き出しそうな顔）

C7：Ａさんは、自分が、何者なのかわからない。そう思っているんですね。

「何でオレは、ここに来るんだ？」「オレは何をしにここに来るんだ？」「わからんのよ…オレは、何者か…わからんのよ」これがＡさんの〈想い出せない苦しみ〉である。認知症の人の苦しみ、自分の生きる日常世界を構成する体験の一部を丸ごと想い出せない苦しみが初めて言葉にして語られたのだ。なぜ？　何のためにオレはここに来るのか？　オレは、何者か？　それがわからないというのである。自己と他者、世界が想い出せないため不明となり意味がつながらない。その不明と不安定、不安と緊張のなかで、Ａさんは自己の存在と意味を保つために必死のコーピングとしてベッドに臥床し、無言で耐えていたのであろう。これを認知症の「周辺症状」【意欲低下・アパシー】と呼べるだろうか？　われわれは「症状」を見ているだけでは認知症の人のケアはできない。その「症状」のもとの〈想い出せない苦しみ〉を認知症の人が自ら語れるように支えることが〈苦しみを和

らげる認知症ケア〉である。そのために、応対の雰囲気と援助的コミュニケーション[14]の技術を駆使してその語りを促さなければならないのである。

オレは、何者か…わからんのよ

　しかし、Aさんの自分が何者なのかわからないとは、どういうことなのか？　一般にわれわれは誰かに自分が何者なのかを問われたとき、どのように答えるだろうか？　自分の名前、家族と親族と知り合い、所属、職業、過去のことを挙げて説明するかもしれない。あるいは今、自分はここで何を、なぜするのかを言うことで自分が何者なのかを示そうとするかもしれない。しかし普段の生活でそれをあえて自分に問う人はいない。それはあらためて言うまでもない自明のことだからである。ところがもしその自明のことが想い出せないとすれば、あるいは今、自分はここで何をなぜするのかを想い出せず、わからなくなったとき、人はどのように振る舞うだろうか。まさにその当事者である認知症の人は不安にかられ、混乱に陥って不明と不安と緊張のなかでたとえ誰かが「あなたは○○さんですよ」と言って説明をしてくれたとしても、それでわかったと安心できるわけではないであろう。またそれでほっとして緊張が和らぐわけでもない。そうであるのに多くの家族や介護者は認知症の人を安心させようとして（自分も安心を得ようとして）懸命にその人の名前、家族や親せきや知り合い、過去のことなどを言って思い出させようとする。「お母さん、私だよ！　お母さんは○○、これは妹の○○。わかるでしょ！…」しかし、想い出せない苦しみのなかにある認知症の人はものごとの意味のつながりが失われているので、その押し付けられた確認でますます混乱し、自分が何者なのかわからない不安と緊張がさらに大きくなるのである。それゆえ〈苦しみを和らげる認知症ケア〉を実践する者は認知症の人に説明も説得もしない。ただ落ち着いてその〈想い出せない苦しみ〉を聴こうとするのである。それを心得るCは、Aさんの〈想い

14　援助的コミュニケーションについては次章で詳述する。

出せない苦しみ〉に意識を向けてその核心を反復する。

> C7：Aさんは、自分が、何者なのかわからない。そう思っているんですね。
>
> A7：何にもわからなくて…
>
> C8：（手をとる）何もわからないと思うんですね。想いだせないのだろうか。
>
> A8：（ため息をつき、うなずいて）わからんわけよ。
>
> C9：Aさんは、ここに来ること、何しに来るのか、自分が何者なのか想い出せなくて、わからないって思っていて、今、苦しいんですね。

「自分の思う自分」と「相手が思う自分」

　自分が誰であり何者であるかというわれわれの自己認識には、それを承認してくれる他者が必要である。「われわれは他者に承認してもらうことによって初めて、自己の存在に「本当に」確信を持つことができる[15]」自分ひとりで自分が何者なのかを確認しようとしても、他者の承認がなければそれは安定性に欠け、確信も安心も得られない。われわれの自己認識は「自分の思う自分」と「相手が思う自分」の一致を求めるのである。多少のズレを伴いながらも自己認識は相互の他者理解のもとで行われている。つまり、「自分の思う自分」と「相手が思う自分」が一致したとき、われわれは安心して安定した自己を確信することができるのである。このことは「自分の思う自分」と「相手が思う自分」が一致しないときに何が起こるかを考えると明白である。

　例えば、認知症のAさんは職員Bの執拗なお風呂の勧めを「頭がふらふらするんです。今日はいりません」と拒否をするが、職員Bは「いつもそうやってお風呂に入らないでしょう。娘さんにもデイに来たらお風呂に入るようにって言われているでしょう？」とAさんをなじる。すると

15　屋良朝彦著『メルロ゠ポンティとレヴィナス―他者への覚醒』東信堂, 2003年, p.76

Ａさんは「死にそうなんです」と応えるのだが、このときの「Ａさんの思う自分」は、（想い出せない苦しみで）自分はなぜここにいるのか、自分は何者かわからない不明と不安定、不安と緊張のなかで必死に耐えているのに、「Ｂが思うＡさん」は、いつもそうやってお風呂に入らない認知症の人なのである。このときの「Ｂが思うＡさん」は「Ａさんの思うＡさん」と完全にズレている。このように、「自分の思う自分」と「相手が思う自分」が一致しないときの体験は、わかってもらえない、そうじゃない！ という想いであり、孤独という苦しみである。そしてそれが引き起こす怒りと悲しみのなかでますます自分が何者かわからなくなる混乱と不安であろう。

　しかし一方、職員Ｃが行ったようにＡさんの〈想い出せない苦しみ〉に意識を向けて、Ａさんの訴えをゆっくり反復して、「Ａさんは頭がふらふらするんですね。今日はお風呂はいらない、もう死にそうなんですね」と応えたとすると、それはＡさんにとって「自分の思う自分」と「相手が思う自分」が一致して、Ｃにわかってもらえた！ と実感できる瞬間になるであろう。その結果、Ａさんの緊張は緩み、安心して安定した自己を確信することができるのである。これが他者の信頼のもとに自分をとりもどすということであり、「われわれは他者に承認してもらうことによって初めて、自己の存在に「本当に」確信を持つことができる」のである。体験の世界では、相手にわかってもらえた！ と実感できることが他者に承認してもらうということなのである。

「他者による受容」と「他者を介した自己受容」

　傾聴と反復、そしてちょっと待つという応対に含まれている援助的な意味には、「他者による受容」と「他者を介した自己受容」とがある。「他者による受容」とは、相手に自分の苦しみを聴いてもらい、それが反復されて苦しみをわかってもらえた！と実感することで、相手に「受け容れられた」と感じる受容のことである。援助の場面ではこれが他者による'承認'ということになり、孤独が和らげられる。他方、「他者を介した自己受容」

とは、相手に自分の苦しみを語り、その言葉を相手に反復されて苦しみを
わかってもらえた！と実感すると同時に、そのとき相手に反復された自分
の言葉をあらためて「そうなんだ！」と納得することで、今度はそれを語
った自分が「自分を受け容れる」ということである。これが認知症の人の
場合、自律につながるのである。「他者を介した自己受容」は認知症の人
が〈想い出せない苦しみ〉に対するコーピングに我を忘れて没頭専心して
いたのを一瞬停止して、自分は何者か、なぜ混乱しているのかということ
を反省的にありのままに見つめなおす現象学的還元を促す。それが〈苦し
み〉とそれに対するコーピングに振り回されていた自分を離れて、“我に
返り”、自分をとりもどす‘自律’のもとになるのである。

〈苦しみを和らげる認知症ケア〉による‘承認’と‘自律’の回復

　このように、傾聴による反復には「他者による受容」と「他者を介した
自己受容」を促す作用がある。ＡさんはＣに自分の言葉を反復されてわ
かってもらえた！と実感してＣに‘承認’された。それで自己の存在に
確信を持つことができたと同時に、Ｃに反復された自分の言葉を「そう
なんだ！」と納得することでそれを語った自分を受け容れ、これまでの無用
なコーピングを離れて自分をとりもどした。つまり、Ａさんは‘自律’を
回復したのである。

C7：Ａさんは、自分が、何者なのかわからない。そう思っているんですね。

A7：何にもわからなくて…

C8：（手をとる）何もわからないと思うんですね。想いだせないのだろう
　　か。

A8：（ため息をつき、うなずいて）わからんわけよ。

C9：Ａさんは、ここに来ること、何しに来るのか、自分が何者なのか想
　　い出せなくて、わからないって思っていて、今、苦しいんですね。

　Aさんは、「自分が何者なのかわからない」と言う。そしてCに、「自分が何者なのかわからない、そう思っているんですね」と苦しみの言葉を反復され、「何にもわからなくて…」と想い出せない苦しみを口にする。それと同時に、Cに「何もわからないと思うんですね。想いだせないのだろうか（想い出せないのですね）」と反復された自分の苦しみの言葉に、ため息をつき、うなずいて、（何にもわからないのは想いだせないからなんだ。だから）「わからんわけよ」と納得し、今度はそれを語った自分自身を、何もわからないのは想い出せないからなんだ。だから自分は何をしに来るのか、自分が何者かわからないんだ、と自分を受け容れている。Cはそれを言葉にして、「Aさんは、ここに来ること、何しに来るのか、自分が何者なのか想い出せなくて、わからないって思っていて、今、苦しいんですね」と確認している。ここに、自分がここに何をしに来るのか、自分は何者なのかわからないのは、想い出せなくてわからないのだと納得しているAさんがいる。それはもう世界と他者と自己が不明で混乱していて不安と不安定と緊張のなかで必死にコーピングしていたAさんではない。自分はここで何をするのかを想い出せなくて、だから自分が何者かわからなかったのだと納得して自分をとりもどしたAさんである。そのことでAさんは〈苦しみ〉とコーピングに没頭専心していた自分を離れることができた。自分をとりもどし、自律を回復したのである。これが〈苦しみを和らげる認知症ケア〉の傾聴と反復によって実現した「他者による受容」（承認）と「他者を介した自己受容」（自律）である。つまり、「われわれは他者に承認してもらうことによって初めて、自己の存在に「本当に」確信を持つことができる」ということなのである。

今日は、ここに居ていいね？

　自分が何者なのか？　それがわからないのは、想い出せないからなのだ。だから「わからんわけよ」と納得したAさんは、〈想い出せない苦しみ〉から解放され、不安と不安定と緊張に対するコーピングは不要となっている。

C9：Aさんは、ここに来ること、何しに来るのか、自分が何者なのか想
　　い出せなくて、わからないって思っていて、今、苦しいんですね。

A9：…うん。（長い沈黙…）

C10：（しばらく待つ…）

A10：はぁ…今日は、ここに居ていいね？

C11：はい。ここに居ていいですよ。私もしばらくAさんの傍にいても
　　いいですか？

A11：いいよ。しばらく横になるか。（目を閉じ、やがて穏やかに寝入る）

（その後、Aさんは目覚めて、Bと訪室したCにお風呂に入ると言う。そ
れを聞いてBは驚いたという）

　Cが反復し、Aさんの長い沈黙を待っていると、「はぁ…今日は、ここ
に居ていいね？」とAさんの言葉である。これはもちろん、自分は今日
はここに居てもよいかと許可を求める言葉であるが、同時にこの言葉は「こ
こに居て大丈夫だね」と、ここは安心できる自分の居場所だと確認する言
葉でもある。そしてこの「ここに居ていいね？」の意味することは、その
逆を考えると明白である。逆は、「私はここに居てはいけない」、「私はこ
こに居ることができない」、「ここは私の居る場所じゃない」であり、それ
はそのまま、〈想い出せない苦しみ〉から世界の不明と不安定、不安と緊
張のゆえに自分の居場所がどこにもないと実感している認知症の人の状態
そのものではないだろうか。認知症の人は「ここは私の居る場所じゃない」
と思うと、「家に帰る！」と訴える。しかしAさんは「今日は、ここに居
ていいね？」と言うのである。CのAさんに配慮した〈苦しみを和らげ
る認知症ケア〉によって、Aさんのこれまでの不明と不安定、不安と緊張
の世界はそのまま安心と安定の居場所となったのである。

居場所

　居場所とは不思議なものである。一般にここは自分の居場所であるとは、ここだと安心してくつろげる、何より自分で居られる、そのような場所のことかもしれない。落ち着いて自分で居られる、自分に戻れる、自分らしく振る舞える場所ともいえる。では逆にここは私の居場所でないと思うのはどのようなときなのだろう?　そう考えるとそれは具体的な空間のことではないことがわかる。ここは何かと制約があって居心地が悪い、他人に干渉されるし落ち着かない、皆いい人なのだが私はまともに相手にされない、いつも監視され、白い目で見られている。あるいは、大事にされてはいるけれどほんとうの私はわかってもらえていないと感じる。…そんなとき、ここは私の居場所ではない、もうここに居たくないと思う。そしてそれが認知症の人の場合、施設に笑顔で迎えられ、いろいろ説明されてあれこれ世話してくれるがどうもなじまない…ここじゃない、もう家に帰りたい!と思っているかもしれない。

　「居場所」という視点から認知症の人の日常をみると、〈想い出せない苦しみ〉でものごとの意味のつながりが失われて不明となり、不安定で不安と緊張に満ちた日々を過ごす認知症の人にとって安心と安定とくつろぎの「居場所」はこの世界のどこにも存在しないのかもしれない。〈想い出せない苦しみ〉への必死のコーピングである「際限のない質問と確認」や「徘徊」、「帰宅願望」、「もの盗られ妄想」、「失見当識」などの【一次的周辺症状】に没頭している認知症の人にとって、そもそも「居場所」といえるようなものはどこにも存在しないであろう。ましてその〈想い出せない苦しみ〉を介護者に〈わかってもらえない苦しみ〉から生じる【二次的周辺症状】(介護拒否、暴言・暴力など)の認知症の人には、安心してくつろげる「居場所」など、どこにも存在しないにちがいない。そもそも「自分の思う自分」と「相手が思う自分」とがズレたままで、誰にもわかってもらえない、聴いてもらえない認知症の人が「ここは私の居場所だ」と思えるような場所が世界中のどこに存在するのだろうか?　このように考えていくと認知症の人にとって「居場所」

とは具体的な空間のことではないと理解できる。それは他者との信頼の関係の中で〈苦しみ〉をわかってもらえたときに成立するものなのだ。それゆえ、以前の言葉「われわれは他者に承認してもらうことによって初めて、自己の存在に「本当に」確信を持つことができる」は、そのまま「居場所」に置き換えて、「われわれは他者に承認してもらうことによって初めて、自己の存在に本当の「居場所」を持つことができる」と言ってもいいのかもしれない。認知症の人にとって「居場所」とは具体的な空間のことではなく、それは他者との関係性にもとづき、関係の力で相手から与えられるものなのである。

職員Cから「居場所」を与えられたAさん

認知症の人にとっての「居場所」の意味をこのように理解したとき、Aさんの「今日は、ここに居ていいね？」の言葉には、ようやく安心と安定の「居場所」を得られたことへの安堵といったものが感じられる。そしてそれは〈苦しみを和らげる認知症ケア〉を実践する職員Cの傾聴、反復、ちょっと待つという応対によってもたらされたものである。

> C11：はい。ここに居ていいですよ。私もしばらくAさんの傍にいてもいいですか？
> A11：いいよ。しばらく横になるか。（目を閉じ、やがて穏やかに寝入る）
> （その後、Aさんは目覚めて、Bと訪室したCにお風呂に入ると言う。それを聞いてBは驚いたという）

Aさんの「今日は、ここに居ていいね？」に、Cが「はい。ここに居ていいですよ。私もしばらくAさんの傍にいてもいいですか？」と答え、それに対するAさんの「いいよ」の応答がCとAの相互承認を示している。AさんはCに承認してもらうことによって初めて、自己の存在に「本当に」確信を持つことができた。それと同時に、CはAさんに傍にいて

もいいよと承認してもらうことによって初めて自己の援助者としての存在に「本当に」確信を持つことができたのである。CとAさんはこうして相互の承認の関係性にもとづき、関係の力で互いに本来の自分をとりもどし、安心と安定とくつろぎの「居場所」を形成したのである。

それに続くAさんの「しばらく横になるか」（目を閉じ、やがて穏やかに寝入る）は、不安定と不安と緊張から解放された認知症の人の安心と安眠の徴である。相互承認がAさんの緊張をゆるめ、Aさんは自分をとりもどして安眠できた。その後Aさんは目覚めてBと訪室したCにお風呂に入ると言う。そこには〈想い出せない〉ことによる不明と不安定、不安と緊張の苦しみから解放された新しいAさんの自律の姿がある。当然そのことは業務志向の職員Bには思いもよらなかったことであろう。それゆえBはそれを聞いて驚いたというのである。

苦しみを和らげる認知症ケア

認知症の人は〈想い出せない苦しみ〉と〈わかってもらえない苦しみ〉に対する必死のコーピングを「周辺症状」として受け取られ、周りの介護者は〈症状対応の認知症ケア〉で「症状」を抑えることに気をとられている。誰もその「症状」のもとになる〈苦しみ〉には気がつかないし、意識を向けることもない。従来の〈症状対応の認知症ケア〉の世界では認知症の人の〈想い出せない苦しみ〉が【一次的周辺症状】を生み、それがコーピングであることを介護者に〈わかってもらえない苦しみ〉が【二次的周辺症状】を生み出し、それらが交錯し、悪循環して認知症の人のみならずケアに従事する介護者も先の見えない〈苦しみ〉の連鎖に巻き込まれている。

しかし〈苦しみを和らげる認知症ケア〉はこれらの交錯し、増幅して悪循環する認知症の人と介護者の〈苦しみ〉を、認知症の人の〈わかってもらえない苦しみ〉を和らげることを手がかりにしてケアをする。つまり、〈苦しみを和らげる認知症ケア〉の訓練を受けた介護者との信頼の関係性にもとづき、関係の力で認知症の人の〈想い出せない苦しみ〉と〈わかっ

てもらえない苦しみ〉を和らげ、軽くし、なくすることで認知症の人の自律を促し、認知症の人が自分をとりもどすのを支えるケアである。次章ではこの援助理論にもとづき、〈苦しみを和らげる認知症ケア〉の援助技術と援助プロセスの実際を援助的コミュニケーションを中心に詳述したい。

［引用文献］

1　村田久行『z 改訂増補 ケアの思想と対人援助』川島書店，2012 年，p.43
2　津畑亜紀子：日本看護協会編『認知症ケアガイドブック』2016 年，p.144
3　同上書，p.145
4　広辞苑 第四版，岩波書店，1998 年，「折角」の項
5　藤﨑あかり：日本看護協会編『認知症ケアガイドブック』2016 年，pp.96-97
6　広辞苑 第四版，岩波書店，1998 年，「暴言」の項
7　同上書，「暴力」の項
8　熊野純彦『メルロ = ポンティ』，NHK 出版，2005 年，p.72
9　村田久行・長久栄子編著『せん妄』日本評論社，2014 年，p.134
10　村田久行『改訂増補 ケアの思想と対人援助』川島書店，2012 年，p.67
12　デビッド・アウグスバーガー著／棚瀬喜雄訳『親身に聞く』すぐ書房，1994 年，p.143
13『現象学事典』弘文堂，1994 年，p.127「現象学的還元」の項には、「ではなぜ、自然的態度の働きを一瞬停止して、あえて反自然的な反省的考察に踏み入るのか。その動機は、自然的態度において人は意識の志向性により、対象的世界への関心を炸裂させて、我を忘れて没頭専心していることにある。この自己忘却的な埋没を一瞬停止して、世界の構成にかかわる超越論的意識の志向性の働きを反省的にありのままに見つめなおそうとすることが、現象学的還元の企画にほかならない」とある。
15　屋良朝彦著『メルロ = ポンティとレヴィナス－他者への覚醒』東信堂，2003 年，p.76

第4章
〈苦しみを和らげる認知症ケア〉の
援助技術と援助プロセス

　〈苦しみを和らげる認知症ケア〉は、認知症の人の〈想い出せない苦しみ〉と〈わかってもらえない苦しみ〉を'ケア'することで不明と不安定、不安と緊張のへコーピングに没頭している認知症の人が安定と安心を得て自分を取り戻し、自律を回復する援助をめざしている。その際の'ケア'とは、関係性にもとづき、関係の力で苦しみを和らげ、軽くし、なくする対人援助専門職の援助技術であって、これは単に優しい気持ちや熱意だけで行えるものではない。あるいはそれをこれまでの経験と勘で行っているとすれば、それは認知症ケアの援助技術を用いた対人援助専門職の技とはいえないであろう。実際に関係の力で認知症の人の〈苦しみ〉を和らげる'ケア'を行うには、単に認知症の周辺症状に対応するスキルや技を身につけるだけでは不十分である。われわれはそのときの関係性の専門職としてのスキルや技を明確に〈援助〉につなげる対人援助専門職性を必要とする。

対人援助専門職性：行為を意味づけ、言語化すること

　〈苦しみを和らげる認知症ケア〉とは気持ちで行うものではない。あるいは長年の経験と勘で行う名人芸でもない。そこで身につけるべき態度として、自己の行為を意味づけ、言語化する対人援助専門職性が求められる。対人援助の専門職性とは、援助を実践するときは常に「私は今、ここで何をしようとしているのか？　なぜ？　どのようにしようとしているのか？」を自分に問いかけ、援助の現場でのすべての自己の行為を意味づけ、言語

化できることである。援助者のそういう態度を対人援助専門職性[1] という。

　ここでいう〈専門職性〉は〈専門性〉とは異なる。専門性がある人は、ある分野で知識と技術に長けている人のことであり、それを使って経験と勘で仕事をこなす人のことである。それを'名人'とも云う。他方、〈専門職性〉とは自己の行為を意味づけ、言語化できることであり、これはその分野の知識と技術に加えて援助者が意識して訓練で身につけるべき態度である。その意味づけされ言語化された行為ができる人を'プロフェショナル'（プロ）と呼ぶ。プロはただ単に知識があり仕事をこなせる人とは異なる。プロの行為、すなわち専門職性をもつ援助者の行為は、常に言語化され、意味づけされているゆえに、多様な意識が流動する現場で一貫性と再現性をもち、他者の批判に開かれている。つまりその行為は意味においてつながっており（一貫性）、多様な一回性の流動し変化する現場にあって常に確かな援助を再現でき（再現性）、他者の批判に開かれているゆえに修正できるのである。それは言語化されていて他者に伝えられるので教育プログラムが可能となる。

対人援助専門職の専門職性

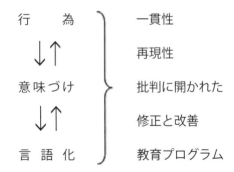

行　為	一貫性
意味づけ	再現性
	批判に開かれた
言語化	修正と改善
	教育プログラム

1　村田久行・長久栄子編著『せん妄』日本評論社，2014 年，p. 4

認知症ケアの現場での対人援助専門職性

　このことは認知症ケアの現場にもあてはまる。名人といわれるベテラン
が「私の経験から言って、これはこうするのだ」と自分の経験をもとに何
かを主張する場合、もしそこに自己の行為を意味づけ、言語化する専門職
性が欠けているなら、その人はただ現在の現場が長いだけの先輩なのであ
って、その主張が他の現場にも通用する保証はない。それは単なる‘名
人’の技、あるいはそこでのみ通用するやり方なのである。‘名人’はす
ばらしい技を披露できるかもしれないが、その行為の意味を他の人に言語
化して伝えることはできない。ましてすぐに業務マニュアルに頼るような
介護職は、現場で自分の行為を意味づけ、言語化することがないゆえにそ
の行為は一貫性と再現性が欠け、他者の批判にも開かれていない。その結
果、現場のケアは修正も改善もされない業務の日々を過ごさざるを得ない
ということが起こるのである。

どのように専門職性を身につけるのか？

　それでは、認知症ケアの現場でこの対人援助専門職性をわれわれはどの
ように身につければよいのか？　それには、対人援助論と〈苦しみを和ら
げる認知症ケア〉の主要な「定義」を覚え、可能なかぎりその「定義」を
使って自己の行為を意味づけ、言語化する訓練をすることである。そのと
きの主要な定義とは、例えば「援助とは、苦しみを和らげ、軽くし、なく
することである」、「‘ケア’とは、関係性にもとづき関係の力で苦しみを
和らげ、軽くする援助である」、「体験と症状のちがい」、〈想い出せない苦
しみ〉と〈わかってもらえない苦しみ〉、「周辺症状は認知症の人の苦しみ
へのコーピングである」、「一次的周辺症状と二次的周辺症状」等々、これ
まで本書で紹介してきた定義のことである。あるいは例えば、認知症の人
に関わっているとき、自分はこの行為を援助として行っているのか、業務と
して行っているのかとふりかえることであり、認知症の人の「問題行動」を

記録するとき、それを認知症の「周辺症状」として抑えようとしていたのか、それとも認知症の人の〈苦しみへのコーピング〉と捉えてその〈苦しみ〉を‘ケア’しようとしていたのかを考えることである。つまり、常に対人援助論と〈苦しみを和らげる認知症ケア〉の「定義」から自己の行為を意味づけ、言語化する訓練をすることである。

　この対人援助専門職性が意識されて初めて、習慣と経験と勘と業務に埋もれていた認知症ケアの現場に「教育と訓練」が可能となる。そして〈苦しみを和らげる認知症ケア〉もこの専門職性にもとづく対人援助の知識とスキルで‘名人芸’の域を脱して専門職の技となりうるのである。その結果、初学者であっても言語化され意味づけられた行為の体系である教育プログラムに従って対人援助専門職としての真の認知症ケアを学ぶことが可能となるのである[2]。

〈苦しみを和らげる認知症ケア〉のコミュニケーションスキル

　それでは、本章の主題である〈苦しみを和らげる認知症ケア〉の援助技術と援助プロセスを述べよう。具体的には、対人援助論と対人援助専門職性を基礎として組み立てられた〈苦しみを和らげる認知症ケア〉のコミュニケーションスキルである。それは次のように構成されている。

> スキル1：相手に選ばれること
> スキル2：雰囲気の研究
> 　・意識の志向性の訓練
> スキル3：援助的コミュニケーション（傾聴、反復、問いかけ、
> 　　　　　ちょっと待つ、ふれる）
> 　・情報収集と伝達のコミュニケーションと援助的コミュニケーション

2　村田久行『援助者の援助～支持的スーパービジョンの理論と実際』川島書店, 2010 年, pp. 11–12

援助的コミュニケーションの原理
① 相手のサインをメッセージとして受け取る
② 受け取ったメッセージを言語化する
③ 言語化したメッセージを相手に返す〔反復の技法〕
　(1) 言い換えないでそのまま返すが、オウム返しではない
　(2) 反復の主語と語尾：あなたは「〜なんですね」と「〜と思うんですね」
　(3) 〔反復〕と〔同調〕
　(4) 聞き返さない
　(5) 補いの反復は、意味のつながりを助ける→世界の再構成→自律の回復
　(6) 沈黙を「ちょっと待つ」
　(7) 遡りの反復
　(8) 小出しの反復
④ 問いかけ：相手の想いを明確化する
・認知症の人の語りを促す〔反復〕と〔問いかけ〕
スキル４：実存的身体に“ふれる”
まとめ：行動の形態を変える→関係が変わる→感情と意味が変わる

　以下に、これらのコミュニケーションスキルを詳述したい。

スキル１：相手に選ばれること

　〈苦しみを和らげる認知症ケア〉の援助理論を念頭に認知症の人の‘ケア’をする場合、われわれが最初に心がけるべきことは〈相手に選ばれること〉である。認知症ケアでは、相手に選ばれないとどのような介護者も認知症の人に受け容れてもらえない。それは介護拒否になり、あるいはここは嫌だ！　家に帰りたい！　という帰宅願望にもなっていくだろう。帰宅願望とは家に帰りたいという訴え以前に、ここは嫌だ！　私の居場所じゃない！　という拒絶の表明なのかもしれない。施設が認知症の人に選ばれていないのだ。

　相手に選ばれること、これが認知症ケアのすべての基本である。それでは
どのような人が認知症の人に選ばれるのだろうか？　それを知るにはどのよう
な人が認知症の人に選ばれないかを考えるとよいであろう。認知症の人に選
ばれない人とは、わかってくれない人、無視する人、ごまかし／かわし／スル
ーする人、指示し、教え、説得する人、急かす人。つまり、聴いてくれない人
である。聴いてくれないし待ってくれない、ここから認知症の人の〈わかっても
らえない苦しみ〉が生まれるのである。それゆえわれわれが認知症の人に選
ばれるにはわかってくれる人、無視しない人、ごまかさない、指示しない、教
えない、説得しない、急かさない人、つまり待ってくれる人、聴いてくれる人
になることである。いつも〈想い出せない苦しみ〉や〈わかってもらえない苦し
み〉の中にいる認知症の人が「この人はわかってくれる」「聴いてくれる」と思
える人が相手に選ばれるのである。

　では、認知症の人に「この人はわかってくれる！」と選ばれ、実際に現
場で〈苦しみを和らげる認知症ケア〉を実践するにはどのような考えと態
度とスキルを身につけるとよいのか？　そのために学ぶべき具体的なこと
として次のものが挙げられる。対人援助論、意識の志向性と雰囲気、援助
的コミュニケーション（傾聴、反復、問いかけ）、'ちょっと待つ'こと、'ふ
れる'ということである。これらはすべて〈苦しみを和らげる認知症ケア〉
を実践するための考えと態度とスキルであり、あらゆる他の対人援助にも
使える道具である。以下にそれらを解説していきたい。

スキル2：雰囲気の研究

　認知症の人は想い出すのは苦手だが直感は鋭い。その直感で認知症の人
に「この人はわかってくれる！」と思われ、選ばれるにはどうすればよい
のか？　それにはまず、相手に選ばれる雰囲気を研究することである。そ
れは具体的には、援助とは苦しみを和らげ、軽くし、なくすことである[3]

3　村田久行『改訂増補　ケアの思想と対人援助』川島書店，2012年，p.43

という対人援助論にもとづき、認知症の人にかかわるときの自分の意識の志向性を相手の〈苦しみ〉に向ける練習をするのである。ここと思うときに相手の苦しみに意識を向け、苦しみを和らげようと「援助を意図する」練習をする。そのことでわれわれは認知症の人に選ばれる雰囲気を身につけることができるのである。これが基礎的な訓練であり、対人援助専門職が身につけるべき意識の志向性と相手に選ばれる雰囲気のスキルである。

　人は意図に反応する。人の話は内容とそれを話す人の意図から成り立っている。しかし多くの場合、話し手は自分の話の内容と相手の反応に意識は向けても、それを話している自分の意図には無自覚である。ところが相手は話の内容よりもそれを話す人の意図に反応する場合がある。認知症ケアの現場では症状対応の介護者は認知症の人に選ばれない。

　例えば、いつものように「家に帰る！」と立ち歩く認知症の「症状」と格闘する介護職員は、ごまかし／かわし／すかし／うそをつき／スルーするなどして認知症の人の説得に必死になる。しかしたとえそれで一時的にその場は収まったとしても認知症の人の帰宅の訴えは続き、職員はさらに説得と対応に追われ…となる。この関係の悪循環の状態が、まさに〈相手は話の内容よりも話し手の「意図」に反応している〉の好例である。このときの職員の「意図」は無自覚ではあるが認知症の人の症状を収めて業務を進めることであり、そのために必死にごまかし／かわし／すかし／うそをつき／スルーするという対応をとるのである。しかし職員はこうした無自覚の自分の「意図」に相手が反応していることに気がつかない。それゆえ症状対応の介護職員は認知症の人に選ばれることはないのである。しかし同時に、職員はこの対応に「症状を収めて業務を早く進める」という意図を隠したウソがあることは薄々わかっている。自分のかかわりは「その場しのぎの対応」であり、これは「援助」ではなく早く症状を収めて業務を進めたい症状対応のケアであると感じているからである。これは真実の‘ケア’ではない。

・意識の志向性の訓練

　〈苦しみを和らげる認知症ケア〉の実践においては、無自覚に日常の業

務を進めるのではなく、意識的に「援助を意図」する意識の志向性の訓練をする必要がある。援助とは苦しみを和らげ、軽くし、なくすることである。それゆえ'ケア'をするときは相手の苦しみに意識を向け、認知症の人の〈想い出せない苦しみ〉や〈わかってもらえない苦しみ〉を和らげようと「援助を意図」してかかわる意識の志向性を訓練するのである。その結果、われわれは認知症の人に選ばれる雰囲気を身につけることができるのである。

　自分の雰囲気とは自然に身につくもので、意識的に身につけるものではないというのが一般的な見方であろう。しかし〈苦しみを和らげる認知症ケア〉ではケアの専門職は自らの意識の志向性を振り返りつつ、相手に選ばれる雰囲気を訓練によって身につけなければならない。それはまた日頃の意識的な自分の行為と意図の点検によって可能なのである。人は通常、自分の意識の志向性には無自覚である。それゆえ常に、自分の意識の志向性と行為の「意図」をふりかえり、必要に応じてそれらを「業務」から「援助」に切りかえる訓練と努力を重ねることで、少しずつ認知症の人に選ばれる雰囲気を身につけることができるのである。

スキル3：援助的コミュニケーション（傾聴、反復、問いかけ、ちょっと待つ、ふれる）

　人はどのような状況にあってもコミュニケーションをとらないではいられない。そしてすべてのコミュニケーションは内容と関係性という側面をもち、関係性が内容を分類し、規定する。つまり、伝える内容が同じであっても関係が異なれば伝えられるメッセージは異なるのである。それゆえコミュニケーションが成立するときの関係性は、いわばメタコミュニケーションであるといわれる[4]。この関係性の視点からみるとき、対人援助の

4　フランシス.J. ターナー著，米本秀仁 監訳『ソーシャルワーク・トリートメント─相互連結理論アプローチ（上）』中央法規出版，1999年，pp.184-187

現場においては２種類のコミュニケーションが存在する。それは、情報を収集し伝達するコミュニケーションと援助的コミュニケーションである。

・情報収集と伝達のコミュニケーションと援助的コミュニケーション

　一般にコミュニケーションといえば情報を収集し、あるいは伝えるコミュニケーションを意味するが、そこでは正確で迅速な情報の収集と伝達が目的となる。これは多くの医療、福祉の現場で行われているコミュニケーションであり、教育の目標でもある。しかし対人援助の現場ではもうひとつのコミュニケーションが重要である。それが援助的コミュニケーションである。援助的コミュニケーションとは、情報の収集や伝達を目的とするのではなく、コミュニケーションをとることそのことで相手の苦しみを和らげ、満足・安心・信頼を得るコミュニケーションのことで、目的は情報ではなく援助である。それゆえ援助的コミュニケーションと呼ばれる[5]。

コミュニケーションの意味

現場では２種類のコミュニケーションがある。

1. 情報を収集し、伝えるためのコミュニケーション
　⇒ここでは、正確で迅速な情報の収集と伝達が目的となる
　　（医療・福祉領域でのコミュニケーション教育）

2. 援助的コミュニケーション
　⇒情報が目的ではなく、コミュニケーションをとること、
　　そのことで相手の満足・安心・信頼を得ることが目的となる

5　村田久行『援助者の援助－支持的スーパービジョンの理論と実際』川島書店, 2010 年, p.47

援助的コミュニケーションの原理

それでは、実際に認知症の人に選ばれて、そのかかわりが援助になるにはどうすればよいのか？ またどのように認知症の人の苦しみを和らげる「援助の関係」をつくることができるのか？ その具体的な方法は、傾聴、反復であり、問いかけというスキルである。これらは「援助的コミュニケーションの原理」という理論に根拠をもっている。それに加えて、〈苦しみを和らげる認知症ケア〉では「ちょっと待つ」という態度をコミュニケーションスキルとして訓練することが重要である。

介護の現場で〈想い出せない苦しみ〉や〈わかってもらえない苦しみ〉などさまざまな苦しみを抱える認知症の人はこの援助的コミュニケーションで救われる。自分の苦しみを聴いてもらい、「わかってもらえた！」と実感して〈わかってもらえない苦しみ〉が和らぎ、満足と安心を得て語る意欲が回復するのである。それは、具体的には介護者（B）が①相手（A）のサインをメッセージとして受け取る、②受け取ったメッセージを言語化し、③その言語化したメッセージを相手に返す〔反復の技法〕で構成される。さらに、そこで成立した満足、安心、信頼の関係を基礎にして、④相手の想いを明確化する〔問いかけ〕を用いて話し手の語りを促すのである[6]（次頁図）。これら援助的コミュニケーションの４つのポイントがまたそれぞれ意識的なスキルであり、すべて訓練の対象となる。それぞれを詳しく考えてみよう。

① 相手のサインをメッセージとして受け取る

援助的コミュニケーションの４つのポイントのなかで特に重要なのが、①援助者（B）が、相手（A）の発するさまざまなサインをメッセージとして受け取ることである。サインとは、例えば認知症の人の際限のない確

6　村田久行『臨床に活かすスピリチュアルケアの実際〔2〕』ターミナルケア 12 (5), 2002 年, p.423

援助的コミュニケーションの原理

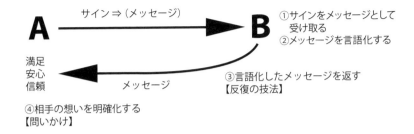

認と質問である。この場合、相手のサインをメッセージとして受け取ることが特に重要で、「際限のない確認と質問」（サイン）を認知症の「症状」として受け取るのか、あるいは認知症の人の〈想い出せない苦しみ〉へのコーピングであると受け取るかで、その後の介護者の応対が異なるからである。つまり、「際限のない確認と質問」というサインを認知症の「症状」として受け取る介護者は、そのもとにある苦しみを聴こうとせずに質問に答え、それで済まないとごまかしたり、話題をそらしたりする対応で「症状」を抑えたり避けようとするが、その「確認と質問」というサインを認知症の人の〈想い出せない苦しみ〉からのメッセージとして受け取る介護者は、その訴えの言葉を反復して聴くことで、認知症の人の〈苦しみ〉を和らげる応対をするということである。

　それでは、この場合の「確認と質問」を「症状」として受け取る対応とそのもとにある〈想い出せない苦しみ〉を和らげる応対との違いはどこから生まれるのだろうか？　それは介護者のそのときの意識の志向性と、認知症の人に関わる「意図」の違いによるのである。介護者の意識の志向性が「業務と症状対応」に向けられていると、認知症の人の「確認と質問」は業務を妨げる「症状」として現れ、そこから症状を抑えたり避けることで業務を進めようとする介護者の無自覚の「意図」が生まれる。他方、介護者の意識の志向性が「援助」に向けられていると、認知症の人の「確認と質問」はそのもとの〈想い出せない苦しみ〉に対するコーピングとして現れ、その〈苦しみ〉を和らげようとする介護者の「意図」につながるの

である。つまり、サインをどのようなメッセージとして受け取るかは介護者の「意図」に左右され、それが次の行動に反映される。そして認知症の人はこの介護者の「意図」に反応するのである。

　しかし現場はこのことに無自覚である。それゆえ、〈苦しみを和らげる認知症ケア〉の訓練を受けた援助者は認知症のどのような〈周辺症状〉に出合ったとしても、意識してその「症状」のサインを〈苦しみ〉のメッセージ（コーピング）として受け取り、その人の〈苦しみ〉を和らげようと「意図」するのである。そのことで認知症の人は相手の「意図」に反応し、援助者は認知症の人に選ばれるのである。相手のサイン（例えば、際限のない確認と質問）を〈苦しみ〉のメッセージとして受け取ること。これが〈苦しみを和らげる認知症ケア〉における援助的コミュニケーションの最初のステップなのである。

② 受け取ったメッセージを言語化する

　相手のサインを苦しみのメッセージとして受け取ると、次は受け取ったメッセージを言語化するのである。言語化とは、認知症の人の「繰り返される確認と質問」の場合、援助者の胸の中で「ここはどこ？　と何度も確認し質問するのは、想い出せないことで生まれる不明と混乱と不安からなのだ」とそのサインの意味を言葉にすることである。これを行為の意味づけという。認知症の人のサインはその意味を援助者が言葉にしないなら援助という行為につながらない。認知症の人の「ここはどこ？　と何度も質問する行為は想い出せない苦しみから生まれる不明と混乱と不安に対するコーピングなのだ」と、その行為の意味を言語化し、その理解にもとづいて相手の発した言葉を相手に返す〔反復〕をするのである。この理解なしに単に相手の言葉を相手に返すのは〔オウム返し〕である。〔オウム返し〕とは相手の発したサインをただサインのまま相手に返す応対であり、そこには何の援助的な意味のやりとりもない。〔反復〕は〔オウム返し〕ではない。相手の発したサインをメッセージとして受け取り、その意味を援助者が言語化して理解し、その言葉を相手に返すことで認知症の人

との相互の理解を共有する〔反復〕という援助的な行為が成立する。その
ために受け取ったメッセージを言語化するのである。

③ 言語化したメッセージを相手に返す〔反復の技法〕

〔反復〕とは、相手の発したメッセージの言葉を言い換えずに相手に返
す援助技術である。〔反復〕の目的は、相手が自分の苦しみをわかっても
らえた！と実感することで気持ちが落ち着き、考えが整い、生きる力が回
復することである。〔反復〕は漠然とした機械的な受け答えではない。そ
こには相手に伝わる明確な行為の意味づけと言語化が必要である。以下に、
認知症の人への〔反復〕で押さえておくべき具体的な８つのポイントを示
したい。

(1) 言い換えないでそのまま返すが、オウム返しではない

〔反復の技法〕は言語化したメッセージを相手に返すのであるが、実際
の〔反復〕では相手の言葉を言い換えないでそのまま返すことが基本であ
る。認知症の人の「際限のない確認と質問」の場合、そのサインに含まれ
ているメッセージをこちらが言語化して「何度も質問するのは、想い出せ
ない不明と混乱と不安からなんですね」とは返さない。そうではなくて、
「ここはどこ？」と何度も質問する認知症の人への〔反復〕の場合、一言
一句をそのまま言い換えないで「○○さんは、ここはどこ？　と思うので
すね」と返すのである。その理由は、言い換えられた言葉はたとえそれが
いかに正確にメッセージを伝えたものであっても、認知症の人には届かな
いからである。認知症の人はその言い換えられた言葉を想い出せない場合
があるし、自分が発した言葉以外の言葉は言わば初耳で、初めての言葉は
認知症の人には受け入れ難く、それがまた新たな混乱を生み、不明と不安
と緊張の元になるからである。そもそも言い換えた言葉とは常にこちらの
推測によるものであり、「ここはどこ？」という認知症の人自身の言葉に
勝る〔反復〕の言葉は存在しないのである。

〔反復〕は相手の発した言葉を「私はこのように受け取りましたよ」と
いう確認の意思表示でもある。不明と混乱、不安と緊張の中にいる認知症

の人にはこの確認の応対が安心と安定につながり、援助となる。それゆえ、認知症の人への〔反復〕は相手の言葉をそのまま言い換えないで返すのが基本であり、それが認知症の人に優しい応対なのである。

しかし、相手の言葉を言い換えないでそのまま返すのであれば、それはオウム返しではないのか？　何のために①サインをメッセージとして受け取り、②受け取ったメッセージを言語化するのか？　言語化したメッセージを〔反復〕で相手に返さないのであれば、何のために②受け取ったメッセージを「言語化」するのか？

この問いには、メッセージを言語化することで〔反復〕をするタイミングを捉えることができると答えることができる。認知症の人の苦しみ（メッセージ）をこちらが胸の中で言語化し理解しているからこそ、〔反復〕の言葉をどのタイミングでどのように相手に返すかを判断できるのである。そのタイミングが合うと〔反復〕が相手にわかってもらえた！と実感できる援助になるのである。

さらに加えて、受け取ったメッセージを「言語化」することが援助者の意識の志向性に影響している。〔反復〕をする援助者の意識の志向性がサインに含まれているメッセージを理解しているので、「ここはどこ？」をそのまま相手に返す「○○さんは、ここはどこ？と思うのですね」が、認知症の人のサインに込められた不明と混乱、不安と緊張へのコーピングに共感を示すメッセージとなり、それが認知症の人が苦しみをわかってもらえた！と実感できる応答になるのである。このことはメッセージの「言語化」による理解があればこその応対なのである。

さらに、認知症の人のわかってもらえた！という実感は語りを促す。それまで誰にも〈わかってもらえない苦しみ〉のなかで緊張して孤独に陥って沈黙していた認知症の人が自分の言葉を〔反復〕されて初めてわかってもらえた！と実感することで、緊張が緩み、わかってくれる他者に自分の苦しみや想いを語り出すのである。こうして、相手の言葉を言い換えない〔反復〕には、わかってもらえた！と実感できる援助に加えて相手の語りを促すという働きもあるのである。

　他方、「ここはどこ？」というサインに含まれているメッセージを言語化しないでサインをただサインのまま返すことを〔オウム返し〕という。そこには相手への気遣いもサインに含まれるメッセージへの理解もない。その応答には〔反復〕のもつ援助的な意味のやりとりが存在していないゆえに、〔オウム返し〕は何の援助にもならないのである。

(2) 反復の主語と語尾：あなたは「〜なんですね」と「〜と思うんですね」

　われわれは認知症の人への〔反復〕の際に、「〜なんですね」という語尾と「〜と思うんですね」という語尾を使い分ける。「ＡがＢだ！」と訴える認知症の人に対して、Ｂの内容がその人自身の感覚や感情の場合は「ＡがＢなんですね」と共感を示す反復をする。しかし訴えが「ＡはＣだ！」と事実誤認の場合は「ＡはＣだと思うんですね」と反復して批判的な共感を示すのである。例えば、「足が痛い！」という訴えには、「足が痛いんですね」と反復して共感を示すが、訴えが「ＡはＣだ！」と事実誤認の場合は同意を示さず、「○○さんはＡはＣだと思うんですね」と主語を明確にして反復し、批判的な共感を示すのである。「家に帰る。家では主人が待っている！」とすでに夫を亡くしている認知症の人が訴える場合、〈苦しみを和らげる認知症ケア〉の援助者は「家に帰りたいんですね（と共感を示しつつ）、○○さんは家ではご主人が待っていると思うんですね」と返すのである。

　このように、認知症の人の事実誤認の発言に対しては、（あなたはそう思っているようだが私はそうは思わないと）批判的に相手との距離を示す必要がある。そのときは「○○さんは〜と思うんですね」と意識的に主語を入れて「〜と思うんですね」の語尾で反復する。ところがこれを、「家に帰りたいんですね。家ではご主人が待っているんですね」と返すと、それは相手の誤認を肯定して帰宅願望を強めてしまう結果になる。このように〔反復〕も「〜なんですね」と「○○さんは〜と思うんですね」のように、語尾を使い分けることで相手との距離を保ちつつ、異なったメッセージを相手に伝えることができるのである。

(3)〔反復〕と〔同調〕

　他方、〔反復〕と〔同調〕の違いについても重要である。〔反復〕は「○○さんは～と思うんですね」と相手の想い・願い・価値観を主題とし、その文の主語は常に「あなたは～」である。それに対して、〔同調〕は「私もそう思う」と主語が「私」である。そしてこれらの主語は多くの場合、実際の発言では省かれていて、傾聴して反復をする人もそれを意識していないので、その〔反復〕と〔同調〕の主語の違いに気がつかない。

　そしてさらに、このような〔反復〕と〔同調〕の主語の違いに語尾の違いが加わると、【同調】：「(私も)～と思う」と、【共感を示す】：「(あなたは)～なんですね」と、【批判的共感】：「(あなたは)～と思うんですね」とでは、それぞれ相手に与えるメッセージは大きく異なるのである。それゆえ認知症の人のケアで反復をする場合、ここは〔同調すべきか〕、〔共感を示すのか〕、〔批判的に共感を示すのか〕を意識して援助的コミュニケーションを瞬時に組み立てていけることが、〈苦しみを和らげる認知症ケア〉の援助者として重要であるといえるのである。

(4) 聞き返さない

　認知症の人の言葉はとぎれがちである。聞き取りにくい言葉の端々から「息子が…」と聞き取れた場合、「え？　息子さんがどうしたの？」と聞き返す人がいる。すると認知症の人は口をつぐんで黙ってしまう。これはまずい聞き方である。それで再度、確認しようと思って「えー？　息子さんがどうしたの？」と聞き返すのだが、このような確認は認知症の人には「え？　あなたの言うことはわからないよ」というメッセージと受け取られるからである。それで認知症の人はあきらめて黙ってしまうのである。

　〈苦しみを和らげる認知症ケア〉の援助者は聞き取りにくい言葉であっても聞き返さない。むしろ聞き取れた言葉のみを言い換えずに〔反復〕して、「息子さんですね」と相手に共感を示すのである。そしてちょっと待つ。そうすると認知症の人は、聴いてもらえる、わかってもらえると思っ

て、続けて「…息子が来ない」と言う。あるいは「…息子が死んだ」と言うかもしれない。しかしそのとき、「息子さんはさっき来ましたよ」とか、「息子さんは生きていますよ！」などと、たとえそれが事実であっても認知症の人の言葉に訂正や説明を行うと、認知症の人は再びわかってもらえない、と貝のように押し黙ってしまうのである。〈苦しみを和らげる認知症ケア〉では、ここは「息子さんが来ない…と思うのですね」とか、「○○さんは息子さんが死んだ…と思うのですね」とその誤認のサインを喪失の苦しみのメッセージとして受け取り、そのまま言い換えないで「〜と思うのですね」の〔反復〕を返すのである。

　認知症の人に聞き返すことは「確認」であり、「質問」なのである。その場合、知りたいのは私であり、確認のための質問は「あなたの言うことはわからないよ」というメッセージとなり、これまでさんざん他の人から「あなたの言うことはわからない」と言われ続けてきた認知症の人はその時点で話す意欲を失う。そして〈想い出せない苦しみ〉の人は、それに加えて、〈誰にもわかってもらえない〉と対話を拒否し、沈黙のうちに再び不明と混乱、不安と緊張の淵に沈んでいくのである。われわれは認知症の人の言葉は聞き返さないことである。それは認知症の人に語りを促すためである。

（5）補いの反復は、意味のつながりを助ける→世界の再構成→自律の回復

　認知症の人（Aさん）は、聴いてもらえると思うと話し出す。

A1：…息子が来ない。

B1：息子さんが来ない…と思うのですね。

A2：毎日、来てくれた、…もう来ない、…もう死んでしまいたい。

B2：息子さんは、毎日、来てくれたのに、Aさんは、息子さんはもう来ないと思うんですね…それでAさんは、もう死んでしまいたいと思うんですね。

　Ａさんの息子は今日も来ていた。しかしＡさんはそれを想い出せない。B2が〔補いの反復〕である。元のＡさんの言葉に対して補われているのは（　）の部分で、「（息子さんは）毎日、来てくれた（のに）、（Ａさんは、息子さんは）もう来ない（と思うんですね）…（それでＡさんは）もう死んでしまいたい（と思うんですね）」とＡさんの言葉を補ってそのメッセージを言語化して返しているのである。

・体験の意味をつなぐ

　〔補いの反復〕は、これによってＡさんが苦しみをわかってもらえた！と実感できるだけでなく、認知症ゆえの断片の言葉に援助者が言葉を補うことで、Ａさんの体験の意味をつないで再構成するということをしている。〔補いの反復〕が伝えている体験の意味は、「息子さんは、毎日、会いに来てくれて（Ａさんに親である存在を与えてくれて）いたのに、Ａさんは、（それを想い出せないことから）息子さんはもう来ないと思うんですね…それでＡさんは、もう（寂しさと空虚から）死んでしまいたいと思うのですね」と、Ａさんの体験している存在の空虚と、息子が来ないと思うのは息子の来訪を想い出せないことが原因であることを〔補いの反復〕でＡさんに伝えようとしているのである。

　A3：そう、息子は毎日、来てくれた。毎日、来てくれたのに、どうして来ないの？
　B3：息子さんは毎日、来てくれたのに、Ａさんはどうして息子さんが来ないのか、と気になるのですね。

・疑問詞というサインのメッセージは〈想い出せない苦しみ〉

　Ａさんのこのときの問い、「毎日、来てくれたのに、どうして来ないの？」が重要である。認知症の人がたびたび訴える「なぜ〜？」「ここはどこ？」「あなたは誰？」などの疑問詞の問いは〈想い出せない〉ということのサインである。そしてその疑問詞のメッセージは〈想い出せない苦しみ〉な

のである。それゆえ、そのサインに対して具体的な説明で答えてしまうとメッセージは背景に沈んでしまう。そのときはその問いに答えるのではなく、「Ａさんは、なぜ〜？　なのか、気になるのですね」といちど反復し、それに続けて〈想い出せない苦しみ〉に意識を向けて「なぜ〜？　なのか、想い出せないので気になる（苦しい）のですね」と返すのが、認知症の人への〔補いの反復〕なのである。

　　A4：そう、どうして来ないの？
　　B4：どうして息子さんは来ないのか、想い出せないので気になるのですね。
　　A5：…来ないんじゃない…想い出せないんだ（ちょっとほっとした様子で）
　　B5：Ａさんは、息子さんは来ないんじゃない、来たのを想い出せないんだと思ったのですね。
　　A6：…（長い沈黙）…

　B4とB5が〔補いの反復〕である。A4、A5に対して補われているのは以下の（　）の部分である。「どうして息子さんは来ないのか、（想い出せないので）気になるのですね」、「（Ａさんは、息子さんは）来ないんじゃない、（来たのを）想い出せないんだ（と思ったのですね）」。しかしなぜB4で（想い出せないので）を補うのか？　それは、多くの認知症の人には（想い出せないので）が苦しみの中核であり、それが原因であるにもかかわらず、その自覚がないからである。

　認知症の人が訴える「なぜ〜？」「ここはどこ？」「あなたは誰？」などの疑問詞の問いは、体験の一部を丸ごと想い出せないことでものごとの意味のつながりが失われ、不明と混乱、不安と緊張の中にいる認知症の人の必死のコーピングのサインなのである。しかしそのとき発せられた疑問詞にわれわれが答えたとしても、その不明と混乱、不安と緊張は収まらない。むしろその必死のコーピングを生む元が肝心である。この場合の‘ケア’とは、その疑問詞の問いに答えることではなく、その元になる（想い出せないので）を反復で補うことである。

この〔補いの反復〕によって、認知症の人は自分が振り回されている的外れなコーピングとそれに対する周りの無理解という苦しみの連鎖から離脱して、そのコーピングを生む元の（想い出せないので）に気がつき、自分をとりもどす可能性がある。認知症の人は〈想い出せない苦しみ〉とそれへのコーピングにつかまえられている。その混迷の連鎖から自分を取り戻し、自律を回復する第一歩となるのである。

(6) 沈黙を「ちょっと待つ」

しかしAさんは、Bの〔補いの反復〕の後に沈黙してしまった。そこで、認知症の人の沈黙とそれへの応対について考えてみたい。

A5：…来ないんじゃない…想い出せないんだ（ちょっとほっとした様子で）
B5：Aさんは、息子さんは来ないんじゃない、来たのを想い出せないんだと思ったのですね。
A6：…（長い沈黙）…

・沈黙の意味

AさんはBの〔補いの反復〕で自分を取り戻すと、長い沈黙に入った。認知症の人の沈黙には多くの意味が隠されている。体験や言葉を想い出せない混乱、戸惑いや逡巡、落胆、疲れ、諦めや会話の拒否といった負の意味の沈黙の場合や、あるいは逆に、言葉を想い出そうとして探している沈黙、考えを整え、意味を確かめているという沈黙もある。アルツハイマー病のクリスティーン・ボーデンは、「私の「どろどろした糖蜜のような脳」の内部で、言葉がごちゃまぜになっている感じときたら、まるで、頭の中に言葉の本棚があって、話題等によって適当な場所にすべてきちんと整理されていたのに、床に押し倒されて、ごちゃまぜのひとかたまりになってしまったようで、それを分類し直して、その中から自分の言おうとする言葉をさがし出そうとしているようなものだった[7]」と言っている。このように沈黙のなかで「（ごちゃまぜになっている）言葉を分類し直して、そ

の中から自分の言おうとする言葉をさがし出そうとしている」認知症の人に対して、われわれは待たなければならない。認知症の人には何事にも時間が要るのである。待つことは相手に時間を提供することであり、そして同時に、相手に信頼を示すことでもある。

・待つことの援助的意味

　認知症の人に対してちょっと待つことには、すでに述べたように３つの援助的意味がある。ゆっくりと言葉を選んでお話くださいと相手のペースに合わせて「時間と余裕を提供する」援助的意味、さまざまな苦しみがあってもこちらがちょっと待つことで認知症の人も自分を取り戻せると「相手に信頼を示す」援助的意味、最後に、こちらがちょっと待つことで認知症の人が没頭専心していた〈苦しみ〉へのコーピングを一瞬停止して、自分を見つめなおす現象学的還元のきっかけを与え、そのもとの〈想い出せ・・ないこと〉に意識の志向性を向けてそれを言葉にするよう「語りを促す」援助的意味である。

・援助技術としての「待つこと」

　「待つこと」は〔反復〕を主体とした援助的コミュニケーションを支えるもうひとつの重要な援助技術である。それは単に「黙ること」ではない。「沈黙の技術」というものはない。「待つこと」は認知症の人が言葉を選び出し、気持ちを整え、語るのを待つのであり、それが「語り」を促すのである。しかし業務に追われて認知症の人を急かす人、指導や介入で症状を抑えることを優先する人は「待つこと」ができない。現場は認知症の人の語りに耳を傾けることなどなく、まして沈黙を待つことなく、「症状」に対応してしまう。現場が業務に追われるのは仕方のないことである。しかし業務に追われ、「症状」に対応すればするほど認知症の人はその対応に反応し、〈わかってもらえない苦しみ〉はさらに大きくなって、それがま

7　クリスティーン・ボーデン『私は誰になっていくの？』かもがわ出版，2003 年，p.91

た周辺症状を誘発する。待ってもらえないこと、苦しみを聴いてもらえないこと、これらがさらなる周辺症状を生み出し、認知症の人も介護者も苦しみの渦に巻き込まれていく…。この悪循環を断ち切るためには、意識の志向性を相手の苦しみに向けつつ、業務の手を止めて、ゆったりと待たなければならない。つまり、待つことで認知症の人に時間と考える余裕を提供し、互いの信頼の雰囲気を共有するのである。「待つこと」は、〈想い出せない苦しみ〉とコーピングに集中している認知症の人の意識の働きを自由にし、認知症の人が自分自身の不明と混乱の連鎖から一時的にでも離脱する機会を与える。「待つこと」は、認知症の人があらためてごちゃまぜの言葉を分類し直して、自分の言おうとする言葉をさがし出すのを支える援助的な技術なのである。

(7) 遡りの反復

〔遡りの反復〕とは、すでに語られた重要なメッセージの箇所に遡ってその言葉を反復する技術である。〔遡りの反復〕は認知症の人の長い沈黙に対しては「語り」を促す技術であり、一般の傾聴の場合には枝葉に逸れた話題を核心に戻すためにも使われる。〔遡りの反復〕は、多くは「沈黙を待つこと」の後にそれとセットで使われる。

A5：…来ないんじゃない…想い出せないんだ（ちょっとほっとした様子で）

B5：Aさんは、息子さんは来ないんじゃない、来たのを想い出せないんだと思ったのですね。

A6：…（長い沈黙）…

B6：Aさんは、息子さんは来ないんじゃない、来たのを想い出せないんだと思ったのですね。

BはA6の長い沈黙を待っている。しかしそこでAさんの様子を見ながらAさんの語りを促すためにB6で再びA5を反復する。B6が〔遡りの反復〕である。〔遡りの反復〕は沈黙の過度の緊張を避けるとともに、認知症の

人があらためて思考の流れをとりもどし、自分の言おうとする言葉をさがし出すのを助けることに役立つのである。

(8) 小出しの反復

　認知症の人は、ひとたび思考の流れをとりもどすと一気に話し出すことがある。まとまらない言葉が次々と飛び出してきて、それらをそのまま反復することはなかなか難しい。そのようなときは〔小出しの反復〕が役に立つ。〔小出しの反復〕とは、相手の話の全部を反復しようと思わないで、最初の部分から少しずつ区切って反復し、ちょっと待つという反復の技法である。例えば相手が、「PがQで、RをSしたらTになって悔しかった」などと言った場合、それをそのまま全部反復しようとしないで、まず最初の言葉のみを「PがQなんですね」と小出しで反復して、ちょっと待つという反復の技法である。そしてもし、それに対して応答がなければ次の言葉を「RをSしたのですね」と反復してちょっと待ってみる。さらにそれにも応答がない場合は、「そしたらTになって悔しかったんですね」と最後の部分を反復するというように、〔小出しの反復〕と〔ちょっと待つ〕を重ねていくのである。

　ここで大事なことは、この〔小出しの反復〕は相手の語りを促すことが目的であるので、もし最初の言葉を「PがQなんですね」と小出しで反復したときに、相手が「ええ、それがとっても嫌だった」などとR、S、T以外の別の言葉を返してきた場合、「RをSしたらTになって悔しかった」の部分は捨て去り、「PがQで、それがとっても嫌だったんですね」と相手の言葉に付いていくことである。そしてこの場合は次の「RをSしたのですね」を続けようとしないことが大切である。

　例えば、AさんがB6の〔遡りの反復〕に促されて語り出す場面をみてみよう。それに対してBは〔小出しの反復〕で応えている。

A7：息子は3番目の子どもで、小さいころは家に寄りつかなかった。けれど、父さんが死んでからは嫁と別れて一緒に住むようになった。

初めは私が助けてやったけれど、今は息子が頼り。小さい家だけれど。
他の子どもは家に寄りつかないけれど、今は息子が助けてくれる。

B7：Aさんの息子さんは3番目の子どもで、小さいころは家に寄りつか
なかったのですね。（そしてちょっと待つが応答がないので）

B8：けれど、父さんが死んでからは嫁と別れて一緒に住むようになった
のですね。

A8：ええ、今は息子が頼りなの。それで、息子は毎日、来てくれたのに、
もう来ないと思ったけれど…来ないんじゃない…私が想い出せない
んだね（納得した様子で）

　B7とB8が〔小出しの反復〕である。このように、言葉が次々と飛び出
してきて語りが続いた場合、B7とB8のように〔小出しの反復〕で応える
と、そのことで認知症の人の考えが整えられ、それをちょっと待っていると「…
来ないんじゃない…私が想い出せないんだね（納得した様子で）」のような重
要な言葉が語られるのである。

・〔反復〕＋聞き返さない＋補いの反復＋「ちょっと待つ」＋遡りの反復
　＋小出しの反復

　このように、認知症の人が片言につぶやいたものが傾聴・反復され、そ
れに続く語りを促されて認知症の人は自分をとりもどすのである。最初は
「息子が…」というつぶやきであったものが〔反復〕によって「…息子が
来ない」と言葉になり、それが「息子は3番目の子どもで、小さいころは
家に寄りつかなかった。けれど、父さんが死んでからは嫁と別れて一緒に
住むようになった。初めは助けてやったけれど、…」と語りになる。さら
にそれを〔小出しの反復〕で返されると、Aさんは「息子が来ない」とい
う思いこみとそれに対するコーピングから離脱して「（息子は）来ないん
じゃない…私が想い出せないんだ」とさまざまな〔反復〕のスキルと援助
的コミュニケーションによって自分をとりもどし、自律を回復することも
可能となるのである。

④ 問いかけ：相手の想いを明確化する

　援助的コミュニケーションの４つ目のポイントは〔問いかけ〕である。〔問いかけ〕は質問ではない。質問とは私が分からないことや知りたいことを相手に尋ねることであるが、〔問いかけ〕は相手の語りを促すことを目的とする。そのための援助的コミュニケーションのスキルである。具体的には、相手の言葉を「Ａなんですね。」と反復した後、「Ａとは？」と問いかけたり、「それで？」、「例えば？」、「具体的には？」と、話の内容について「どのように？」を問いかけて相手の語りを促すのである。しかし認知症の人には、〔問いかけ〕として「なぜ？」や「何？」の疑問詞は避けることが大切である。認知症の人には「なぜ？」や「何？」に答えることは難しい場合が多いので、そこで語りが止まってしまうからである。

　相手のサインをメッセージとして受け取り、受け取ったメッセージを言語化して相手に返す〔反復〕によって、わかってもらえた！と実感できた人はさらに語ろうとする。〔問いかけ〕はそのときの語りを促すのである。それゆえあくまで相手が〔反復〕によってわかってもらえた！と実感できていることが前提であって、それがなければ〔問いかけ〕は相手に答えを強制する質問になる。主体は相手であり、私ではない。そしてわれわれが認知症の人に対して語りを促すのは、語ることで認知症の人は話のつながりを取り戻し、その結果、世界が意味のつながりを回復して再構成されるからである。例えば次のB9でBはＡさんに〔問いかけ〕ている。

A8：ええ、今は息子が頼りなの。それで、息子は毎日、来てくれたのに、もう来ないと思ったけれど…来ないんじゃない…私が想い出せないんだね（納得した様子で）

B9：息子さんは来ないんじゃない…Ａさんが想い出せないんだ、と思うんですね。想い出せないって？

A9：…想い出せないのよ。頭が何だかぼーっとしているの。ときどきモヤの中にいるようで、何だかじっとしていられなくて、不安になるの。

　　…自分が情けない（少し涙ぐむ）

B10：（ちょっと待つ）…Aさんは病気のせいで、頭が何だかぼーっとして
　　いて想い出せないと思うんですね。（ちょっと待つ）…モヤの中
　　にいるようで何だかじっとしていられなくて不安になる…そんな自
　　分が情けないと思っているんですね。

A10：ええ。…私は病気のせいで頭がぼーっとしていて想い出せないのね。
　　でもこうやって話をきいてもらえるとなんだかスッキリして、安心
　　できる。（笑顔）

　B9の前半は〔反復〕であり、そのあとの「想い出せないって？」が〔問
いかけ〕である。この〔問いかけ〕によってAさんはA9で初めて〈想い
出せない苦しみ〉を語ることができた。そして頭がぼーっとして、モヤの
中にいるようでじっとしていられなくて不安になる、そんな自分が情けな
いと言う。B10は〔小出しの反復〕と〔補いの反復〕である。

　認知症の人は初めて〈想い出せない苦しみ〉を語るとき、「情けない」
という言葉を口にすることが多い。自分の〈想い出せない苦しみ〉を語る
こと、それは不安と混乱と緊張のなかで我を忘れてコーピングしていた自
分から目覚めて、まじまじと何もできない自分、何もわからなくなった無
力の自分を認める瞬間である。そして、弱い自分を認めることは情けない
ことである。しかしそこで聴いてくれる人、わかってくれる相手がいると、
もう無駄なコーピングは要らない、今は〈想い出せない自分〉を受け容れ
ることで苦しみは軽くなり、AさんはB10の〔補いの反復〕によって、自
分は病気のせいで頭がぼーっとして想い出せないのだと認識することがで
きたのである。そしてそんな自分を、「私は病気のせいで頭がぼーっとし
ていて想い出せないのね。でもこうやって話をきいてもらえるとなんだか
スッキリして、安心できる」と受け容れることができて、新たに認知症の
人としての自己を取り戻した。これも〈想い出せない苦しみ〉から解放さ
れた認知症の人の自律の回復である。

・認知症の人の思考には語りが必要：語りを促す〔反復〕と〔問いかけ〕

「われわれは対話者としての他者を前提することなしには、何も思考し得ないし、語り得ない[8]」この文は、思考には語りが必要であり、語りには対話してくれる（聴いてくれる）他者が必要であると告げている。対話者としての他者と語る言葉を互いに共有することによってわれわれの思考は成立し、その都度、新たに世界と他者と自己を再構成しているのである。

この事態は認知症の人もまったく同じである。認知症の人も聴いてくれる他者、わかってくれる他者なしには何も語り得ないし思考し得ない。そしてこのことは認知症の人にとって特に重要である。認知症の人の〈想い出せない苦しみ〉とは、体験の一部を想い出せないことによってものごとが意味のつながりを失い、不明と混乱に陥る苦しみであるが、そのときの不明と混乱から発せられる言葉は断片となり、意味を汲み取れないつぶやきとなって、認知症の人は思考も言葉も失い、ますます世界を構成できなくなる。もしそのとき、この意味をなさない断片の言葉を誰も聴きとらず、〔反復〕もしないなら、認知症の人は不明と混乱のうちに沈黙し、誰にもわかってもらえない不安と緊張のうちに孤独に沈んでいくのである。施設のホールで誰も何も話さない認知症の人の沈黙。それは無気力などではなく、聴いてくれる他者、わかってくれる他者なしに、何も思考し得ない、語り得ない認知症の人の苦しみの姿なのではないだろうか。

このとき、聴いてくれる他者、わかってくれる他者が現れると認知症の人も語り得るし、思考し得る。この援助者の傾聴と〔反復〕が認知症の人にとってどれほど大きな救いになることか！〈苦しみを和らげる認知症ケア〉の援助者が傾聴をして認知症の人の断片の言葉を拾い、それらの意味をつなぐ〔補いの反復〕や語りを促す〔遡りの反復〕、〔小出しの反復〕を返すことで、認知症の人は「わかってもらえた！」と実感できるだけでなく、さらにそれに加えて、その想いを明確化する〔問いかけ〕があると、聴いてくれる他者に新たに想いを語ることができ、時間の順序が整い、意

8　屋良朝彦『メルロ゠ポンティとレヴィナス―他者への覚醒』東信堂, 2003 年, p. 58

味の順序がつながって思考が成立し、世界の再構成を始めることができるのである。これが〈苦しみを和らげる認知症ケア〉の語りを促す〔反復〕と〔問いかけ〕の援助的意味である。

・思考の成立

　思考とは、事実や現象や行為に対する意味のつながりを言語化しようとすることである。そのとき思念するものと事象が一致する体験が明証であり[9]、他方、思念と事象の不一致の体験が不明や疑問や混乱を生み出すのである。認知症の人の場合、事実や現象や自分の行為に対する意味のつながりを失うことで思念と事象が一致せず、世界を構成できない不明や疑問や混乱の体験をする。それゆえ認知症のＡさんの不明と疑問の体験とは、息子が来るものとの思いと息子が来たことを想い出せない不一致の体験であり、その意味のつながりを求める想いが「息子が来ない、なぜ？」という疑問や嘆きとなる。しかしこのＡさんの疑問と嘆きには既に思念するものと事象の一致を求める「思考」が働いている。そしてこの疑問が援助的コミュニケーションで傾聴され、問いかけに答えることで、病気のせいで頭がぼーっとして息子が来たことを想い出せないから「息子が来ない」と思い込んでいたと認識できた。そのことで、Ａさんの不可解に思う事象は思念と一致し、不明と疑問の体験は意味のつながりを得て新たな世界の再構成がなしとげられたのである。それが、A10での「私は病気のせいで頭がぼーっとして想い出せないのね。でもこうやって話をきいてもらえるとスッキリして、安心できる（笑顔）」の「スッキリして、安心できる」の意味であり、この言葉がＡさんの新たな自律の獲得を示しているのである。

9　立松弘孝編訳『フッサール・セレクション』平凡社，2009 年，p. 182

スキル4：実存的身体に"ふれる"

〈苦しみを和らげる認知症ケア〉のスキル4は"ふれる"である。ものごとの意味のつながりが失われ、認知の感覚も変わってしまっている認知症の人は、不明と混乱に陥ると身体も緊張し、不安定となる。われわれも意味の理解できない不測の事態に遭遇して混乱し、不安になると思わず身構えて身体を固くし、緊張するのではないだろうか。ところがものごとの意味がつながり、あぁそうなのかと状況が理解できるようになると安堵に胸をなでおろし、緊張は緩み、身体もリラックスする。状況が〈わかる－わからない〉だけで、身体は固く緊張したり緩んだりする。このときの状況がわからず身構え、固くなり、緊張する身体を〈実存的身体〉という。そして〈実存的身体〉はまた状況が理解できるようになると安堵し、緊張が緩んでリラックスするのである。

・〈実存的身体〉と〈物体的身体〉

〈実存的身体〉とはその人自身が体験している身体のことである。外科医が治療などの対象とする客観的な〈物体的身体〉とは異なる。具体的には「痛みに反応し、緊張で手に汗をにぎる身体であり、足下（あしもと）を見ることなく階段を降りる身体、睡眠時に寝返りをうち、体温、呼吸、血圧、脈拍を調節し、せん妄への拘束に激しく抵抗する身体である。純粋な主観でもなく、客観的な物体でもない、自己意識の手前で生きている、自律的で「前人称的[10]」な身体[11]のことをいうのである。この自己意識の手前で生きている実存的身体は、意識の志向性と連動する身体の志向性ともいうべきそれ自身の志向性をもっている。認知症の人が不明や混乱、〈わかってもらえない苦しみ〉のなかにあるとき、実存的身体もまた緊張し不安定で孤独であり、そのときの身体の志向性は支えと安定を求めている。

10　熊野純彦『メルロ゠ポンティ』，NHK出版，2005年，p.72
11　村田久行・長久栄子編著『せん妄』日本評論社，2014年，p.134

それゆえ、不明と混乱から身構え、固くなり、緊張している認知症の人の実存的身体に"ふれる"ことは、身体の志向性が求めている支えと安定を与える援助的コミュニケーションとなり、それだけで認知症の人は孤独が和らぎ、緊張が緩んで身体は安定するのである。

・"ふれる"ことは安心と安定の援助的コミュニケーションスキル

　"ふれる"ことは「さわる」ことではない。ましてや「さする」ことでも「マッサージする」ことでもない。「さわる」も「さする」も「マッサージする」も物体的身体を対象としてその機能回復を目的とするものであるが、緊張し不安定な実存的身体の志向性が求めているのは支えと安定であり、それに応える身体への援助的コミュニケーションである。われわれが認知症の人に"ふれる"のは機能回復のためではなく、身体に対する援助的コミュニケーションとして"ふれる"のであり、これは実存的身体の緊張が緩み、安定と身体の自律が回復することを目的としている。緊張が緩み、身体の安定と自律が回復すると、それまで身体に向けられ身体のことに縛られていた認知症の人の意識の志向性は身体から自由になり、つぶやきは言葉となる。それを〔反復〕して聴いてもらえると認知症の人は気がかりと想いを語ることができ、その語りによって世界は意味のつながりとして再構成され、心身の自律を回復するのである。

実存的身体への "ふれる" 意味

ふれられていない時の 実存的身体		ふれられている時の 実存的身体
・緊張 ・不安定 ・孤独 （不明と混乱）	（ふれる）	・ゆるむ ・安定 ・つながり （自律の回復）

［つぶやき ⇒（傾聴）⇒ 言葉 ⇒（反復・問いかけ）⇒ 語り ⇒ 自律の回復］

行動の形態を変える→関係が変わる→感情と意味が変わる

〈想い出せない苦しみ〉のなかにいる認知症の人は時間、場所、他人（ひと）を想い出せないだけでなく、自分が何をしようとしているのかを想い出せない、また、何を考えているのかを言い表す言葉さえ想い出せない人もいる。そのため、これまで生きてきた世界が意味のつながりを失い、混乱し、わけが分からなくなって必死に答えを求めてもがいても、誰もそれに応えてくれない。それどころかその必死のコーピングを認知症の問題行動と考え、「同年齢の健常者には通常みられない異常な状態」、つまり「普通の人ならやらない行動」「文化的に不釣り合いな行動」「社会のルールを逸脱する行動」として、それを「認知症患者にしばしば生じる、知覚認識または思考内容または気分または行動の障害による症状（BPSD）」と定義して[12]抑えようとする。

しかし、〈想い出せない〉ことから不明と不安、緊張と孤独の中に放りこまれて必死にコーピングをしている認知症の人に対して、そもそもわれわれは何をしようとしているのか、その訴えに対してどのように応対しているのだろうか。認知症の人の問題行動や症状を抑えたいのか？　あるいは認知症の人を助けたいのか？

・業務優先の人の「行動」のタイプと援助意識の人の「行動」のタイプ

認知症の人の「行動」に対して、それに対応するわれわれの「行動」には総じて二つのタイプがあるように思える。認知症の人の「行動」を問題行動と考えて対処しようとする業務優先の人の「行動」のタイプと、認知症の人の「行動」を〈苦しみ〉の現れと考えてその〈苦しみ〉を和らげようと関わる援助意識の人の「行動」のタイプである。そのときの前者の〈行動の形態〉は、「説明と説得」「待たない」「聴かない」「急かす」「身体を

12　山口晴保『BPSD の定義、その症状と発症要因』認知症ケア研究誌 2, 2018 年, pp. 1-16

抑える・誘導する」「業務遂行」であり、後者の〈行動の形態〉は、「ちょっと待つ」「聴く」「援助的コミュニケーション」「実存的身体に"ふれる"」「援助」であろう。

　これらの〈行動の形態〉は、両者を対比してみるとそれぞれの〈行動の形態〉が認知症の人との関係とその結果に大きな影響を与えていることがわかる。つまり介護者が自らの行動の形態を「業務遂行」から「援助」に変えると認知症の人との関係が「援助の関係」に変わり、その結果、双方の感情も安堵と安心、意欲と喜びに変わるということである。このことは介護者が自らの行動の形態を「援助」から「業務遂行」に変えた逆の場合にも成り立つ。またそれらは認知症の人、介護者双方の体験の意味という次元では、〈自己の存在と意味〉が消滅した無意味・無価値・空虚の体験と〈自己の存在と意味〉が回復した意味・価値・充実の体験とに分かれるということである。

　これらを対比すると、次頁の表のようになる。

　〈苦しみを和らげる認知症ケア〉は気持ちでケアするものではない。重要なことは介護者が行動の形態を変えることである。介護者が行動の形態を〔業務遂行〕から〔援助〕に変えることで関係が〔管理と抑圧の関係〕から〔援助の関係〕に変わり、関係が変わると認知症の人と介護者双方の感情が〔怒り、いら立ち、悲しみ〕から〔安堵と安心、意欲と喜び〕に変わり、そこでの体験の意味が〔無意味・無価値・空虚〕から〔意味・価値・充実〕に変わるのである。

　ここで大切なことは、介護者が変えるのは〈行動の形態〉のみであって、関係と感情と意味は行動の形態を変えると自然に変わるということである。われわれは自分の感情を自分でコントロールできない。ましてや認知症の人の感情はもっとコントロールできない。感情を無理に抑えたり、コントロールしようとするとストレスが溜まり、その反動は感情爆発や無気力である。そして結果は反発と不信となり、ただ疲れだけが残るであろう。

　関係も同じである。われわれは自分の意思だけで他者との関係をコントロールできない。まして認知症の人との関係はもっと不可能に近い。関係

行動の形態・関係・感情と意味

業務優先の人の〈行動の形態〉	援助意識の人の〈行動の形態〉
症状に対応する 待ってくれない・急かせる 聴いてくれない 説明と説得 身体を抑える・誘導する **意識の志向性：業務遂行**	苦しみを和らげる 待ってくれる・ちょっと待つ 聴いてくれる・さまざまな［反復］ 援助的コミュニケーション 実存的身体に"ふれる" **意識の志向性：援助（苦しみを和らげる）**

業務優先の人との〈関係〉	援助意識の人との〈関係〉
わかってもらえない 不信と反発 管理と抑圧の関係	わかってもらえた！ 信頼と自律 援助の関係

業務優先の人との〈感情と体験の意味〉	援助意識の人との〈感情と体験の意味〉
怒り、いらだち、悲しみ 無意味・無価値・空虚	安堵と安心、意欲と喜び 意味・価値・充実

を無理に変えたり、コントロールしようとすると白けたり、かえって反発を招く。その結果は怒りと不信であり、ただ疲れだけが残るであろう。

　われわれにできるのは自分の〈行動の形態〉を変えることだけである。関係と感情と意味は、それ自身で変えることはできない。〈行動の形態〉を〔業務遂行〕から〔援助〕に変えるだけで関係が変わり、感情とそこでの体験の意味が変わるのである。それゆえそのときに必要となるのが自分自身の行為を意味づけ、言語化できる対人援助専門職性であり、その自分の行為を意味づけできる理論である。このように、本章で詳述した援助的コミュニケーションのスキルと援助プロセスを対人援助専門職性をもって行うことが〈苦しみを和らげる認知症ケア〉の援助技術なのである。

〈苦しみを和らげる認知症ケア〉の援助プロセス

　認知症の人へのケアは介護者が相手を気づかう声かけと身体に“ふれる”ことから始まる場合が多い。もちろん、このときの身体とは実存的身体である。〈想い出せない苦しみ〉から世界が意味のつながりを失い、不明と混乱と不安と緊張の中で認知症の人の実存的身体は身構え、身を固くして緊張している。しかし実存的身体は介護者がそれに“ふれる”ことで安定と支えを得て緊張が緩み、そのことで身体の緊張と不安定につかまえられていた認知症の人の意識は少し自由になって、身体以外の他の気がかりに向けられる。つぶやきは拾われ、傾聴されることで言葉となり、その言葉が介護者の〔反復〕と〔問いかけ〕によって語りへと促される。介護者の傾聴で促された語りの力で認知症の人は世界が意味のつながりをとりもどし、再構成されて自律が回復するというのが〈苦しみを和らげる認知症ケア〉の援助プロセスである。

苦しみを和らげる認知症ケア　援助プロセス

認知症の人の苦しみ

想い出せない苦しみ

ものごとの意味のつながりが失われる

（世界・相手・自分が不明になる）

混乱・不安・緊張の体験

世界を取り戻すためのコーピング

（徘徊・確認・帰宅願望・妄想・作話 etc）

苦しみへのコーピング ⇒「周辺症状」とされる

（一次的周辺症状）

わかってもらえない苦しみ

孤独と怒りの体験

（介護拒否・暴言や暴行・無気力）

反発と絶望 ⇒「周辺症状」とされる
（二次的周辺症状）

(援助プロセス)

［援助的コミュニケーション］
聴く（反復とちょっと待つ）＋ふれる

（わかってもらえた実感により）
緊張が緩み、不安、孤独がやわらぐ

世界を取り戻すためのコーピング（周辺症状）から離脱
（的外れのコーピングが不要になる）

さらに聴く（反復と待つ）＋問いかけ

わかってもらえた実感は、認知症の人の語りを促す
語ることによる自律回復のプロセス

ものごとの意味のつながりと世界の再構成

自律の回復（自分を取り戻す）

事例：不明と混乱、不安と緊張の中にいる認知症の人へのケア

　それでは、〈苦しみを和らげる認知症ケア〉の援助理論と援助的コミュニケーションを身につけた介護者が実際にどのように認知症の人のケアをするのか。ここではその見事な実践を事例にもとづいて紹介し、認知症の人の「体験」に視線を転じて、その体験世界から〈苦しみを和らげる認知症ケア〉の援助的意味を解説したい。

　以下は、〈苦しみを和らげる認知症ケア〉の援助プロセス（前図参照）に従って実存的身体に“ふれる”ことからこぼれ落ちた言葉を拾って傾聴

と〔反復〕で補い、〔問いかけ〕によって認知症のＡさんの自律の回復を
支えた介護職員Ｂの会話記録である。これを解読することで〈苦しみを
和らげる認知症ケア〉での介護者の意識の志向性とアセスメントの仕方を
紹介し、そこで使われているさまざまな援助的コミュニケーションのスキ
ルとそのスキルの援助的意味を考察したい。

◆**Ａさん。90 歳代女性。要介護度 3。介護が必要となってからご主人
と一緒にグループホームに入居される。ご主人は 3 年前に他界。歩
行は自立だが不安定であるため、トイレや入浴時に付き添いが必要
である。Ａさんは早朝、起床され、そのままトイレへ行かれる。そ
の後トイレの前に険しい表情で立ったままであったので声をかけた。**

（Ａさん：女性の認知症高齢者　Ｂ：グループホーム職員）

Ｂ１：Ａさん、おはようございます。
Ａ１：（頭を下げる）分からないんです・・・
Ｂ２：Ａさんは、分からないんですね。（肩にふれる）
Ａ２：どうしたらいいのか分からない。
Ｂ３：Ａさんは、どうしたらいいのか分からないんですね。
Ａ３：はい。教えてほしい・・・
Ｂ４：Ａさんは、どうしたらいいのか分からないので教えてほしいと
　　　思っているんですね。
Ａ４：・・・（しばらく沈黙。廊下の長椅子に並んで腰掛ける）もう、
　　　死んでしまいたい。
Ｂ５：Ａさんは、もう死んでしまいたいと思うんですね。（手をとる）
Ａ５：うう・・・（泣く）教えてほしい・・・
Ｂ６：Ａさんはどうしたらいいのか分からないのですね。それで、教
　　　えてほしいんですね。
Ａ６：はい・・・
Ｂ７：私が、Ａさんがどうしたらいいのか教えますね。
Ａ７：なんで私の名前知ってんの？
Ｂ８：なんで私の名前知ってんの？と思ったんですね。私はＡさんの
　　　こと知ってますよ。

A8：そう。

B9：Aさん、今、朝の6時です。もう少しお部屋で寝ててもいいし、起きてご飯食べるところに行ってもいいですし、どうしますか？

A9：・・・

B10：（少し待つ）もう少し寝る？　起きる？

A10：起きる。

B11：起きるんですね。そしたら、今から一緒に歯磨きしたり着替えをしましょう。

A11：うん。（普段のAさんの表情にもどる）

（その後、Bと一緒に居室へ。更衣等を済まされ食堂でゆっくり過ごされる）

実存的身体に"ふれる"

　認知症の人Aさんは、早朝、起床してそのままトイレへ。Bによると、その後トイレの前に険しい表情で立ったままであったという。Aさんはおそらく、起床してそのままトイレに行ったことも、自分が次に何をしようとしていたのかも想い出せない。そもそも自分はなぜここにいるのか、次に何をしたらいいのかも分からない不明と不安と緊張の状態にあったにちがいない。それを職員Bは「その後トイレの前に険しい表情で立ったままであった」と記録している。〈苦しみを和らげる認知症ケア〉を学び実践するBのこの表現には、Aさんの実存的身体は〈想い出せない苦しみ〉から身構え固まってしまって、立ったままの緊張した不安定な状態にあるというアセスメントが示されている。またそこにはAさんの実存的身体に"ふれる"ことで緊張が緩み、身体は力が抜けて安定するであろうというBの理解が含まれている。そこでBはAさんに声をかけ、Aさんの実存的身体に"ふれる"ことで緊張を緩める援助を試みる。

　B1：Aさん、おはようございます。

A1：（頭を下げる）分からないんです…

B2：Aさんは、分からないんですね。（肩にふれる）

意識の志向性と“聴くこと”と“ふれる”こと

　ここにはすでに、意識の志向性と“聴くこと”と“ふれる”ことという３つの援助的コミュニケーション技術が使われている。施設の朝、職員は利用者を起こし食堂で朝食の準備をする。それが業務である。もしBがいつもの手順に意識の志向性を向けていると、利用者を起こすことが業務となり、利用者が起きて準備をして食堂に行くのを手伝うことが仕事となってしまう。しかしこの日のBは違っていた。Bはあわただしい早朝の現場にもかかわらずトイレの前に険しい表情で立ったままであったAさんの実存的身体に意識を向け、Aさんは〈想い出せない苦しみ〉から緊張して立ったままで不安定な状態にあるのだとアセスメントしている。Bがここで、業務のなかであっても瞬時に意識を援助に切り替えてこのアセスメントをしたことが素晴らしい。それゆえBは、最初に「Aさん、どうしたのですか？」という声かけはしない。B1は「Aさん、おはようございます」である。なぜ、「どうしたのですか？」ではなく、「おはようございます」なのか？　それはBはAさんに異常を指摘して無用の緊張を与えるのではなく、朝であることを告げてAさんに日常の時間が回復することを意識して声かけをしているからである。

　しかしAさんの反応は、A1「（頭を下げる）分からないんです…」である。では、朝であることに反応しないAさんが（頭を下げる）のはなぜか？「分からない」とは何が分からないのか？　と疑問は湧くがBは認知症の人に質問はしない。認知症の人は質問の意味が理解できず余計に混乱をすることがある。それゆえ認知症の人への質問は原則禁止なのである。〈苦しみを和らげる認知症ケア〉を実践するBはここはシンプルに〔反復〕し、Aさんの肩に“ふれる”。

　　B2：Aさんは、分からないんですね。（肩にふれる）

　この応対には、〔反復〕と“ふれる”が使われている。私の知りたいことを質問するのではなく、〔反復〕でAさんの緊張と孤独の苦しみを和らげ、“ふれる”ことで実存的身体の緊張を緩めてAさんの発語を促しているのである。するとAさんは苦しみを話し出す。

〔補いの反復〕

　　A2：どうしたらいいのか分からない。
　　B3：Aさんは、どうしたらいいのか分からないんですね。
　　A3：はい。教えてほしい…
　　B4：Aさんは、どうしたらいいのか分からないので教えてほしいと思っているんですね。

　A2にはAさんの想い出せない苦しみが表出されている。早朝、起床してそのままトイレに行ったことも、次に何をしようとしていたのかも想い出せない。そもそもなぜここにいるのか、次に何をしたらいいのかも分からない。不明と不安と緊張の状態を「どうしたらいいのか分からない」と言葉にしている。それに対してBは「え？　何がわからないの？」とも、「さあ、お部屋に行くんですよ」とも言わない。Aさんの苦しみに意識の志向性を向けてB3「Aさんは、どうしたらいいのか分からないんですね」とその戸惑いをそのまま〔反復〕している。ここで、Bの〔反復〕は、B2も、B3も、B4もすべて「Aさんは、」で始められていることに注目したい。これにはAさんは現在、世界と他者と自己が意味のつながりを失い、世界の再構成ができないのだというBのアセスメントが含まれている。それゆえBはAさんの苦しみを聴きつつ、反復の言葉に主語を入れることでAさんが主体である自己を意識する工夫をしているのである。するとA3は、「はい。教えてほしい…」となるが、Bは教えない。
　A3に対するB4は〔補いの反復〕である。Bは「Aさんは、どうしたら

いいのか分からないので」を補うことで、Aさんは認知症の〈想い出せない苦しみ〉から世界が意味のつながりを失い、自分が何をしようとしていたのか、次に何をしたらいいのかも分からない不明と緊張にあるのですねとAさんに〔補いの反復〕で伝えているのである。

身体の緊張が緩むと言葉がこぼれ出る

> A4：…（しばらく沈黙。廊下の長椅子に並んで腰掛ける）もう、死んでしまいたい。
> B5：Aさんは、もう死んでしまいたいと思うんですね。（手をとる）
> A5：うう…（泣く）教えてほしい…
> B6：Aさんはどうしたらいいのか分からないのですね。それで、教えてほしいんですね。
> A6：はい…

　BがAさんの言葉を反復しつつその肩に"ふれる"とそれまで立ったままの実存的身体の緊張が緩み、力が抜けてふたりは廊下の長椅子に並んで腰掛ける。そして、BはAさんの「もう、死んでしまいたい」の言葉を反復してAさんの"手をとる"のである。このときAさんとBの体験世界では何が起こっているのだろうか。

　実存的身体の緊張が緩み、力が抜けるとAさんは「もう、死んでしまいたい」という。そのとき、Aさんの意識の志向性は自分が何をしようとしていたのか、何をしたらいいのかも分からない自分に向けられ、そんな自分が情けない、もう死んでしまいたいという苦しみとして現れている。つまり自分のことが、もう死んでしまいたいと苦しむ自分として語られているのである。自己が意識の対象となり語られるのは自律回復の兆しである。そこでBは「Aさんは、もう死んでしまいたいと思うんですね」と苦しみの言葉を反復しつつAさんの"手をとる"のである。この"手をとる"は、先ほどの"ふれる"とは意味が異なる。先ほどの"ふれる"は身体の緊張

を緩め、発語を促すためであるが、ここでの"手をとる"はＡさんの自律を支えているのである。

世界の再構成

　A5：うう…（泣く）教えてほしい…
　B6：Ａさんはどうしたらいいのか分からないのですね。それで、教えてほしいんですね。
　A6：はい…

　B6も〔補いの反復〕である。Ｂはここでも何を教えてほしいのですか？ とはきかない。また、どうしたらいいのかをＡさんに教えない。そうではなくて〔補いの反復〕でＡさんがＢに教えてほしいのは、自分はどうしたらいいのか分からないので、それを教えてほしいのですねと言葉にして返している。これは、Ａさんはどうしたらいいのかを教えてもらえるとやれるし、自分は（Ａさんは）それをやるのだという意思表示を〔補いの反復〕でＡさんに代わってＢが言語化しているのである。ここでＡさんは自己を意識し、Ｂという他者との関係の力でやるべき次の行動（将来）を模索し始める。つまり再構成されるべき世界での自己と他者は整ったのである。あとはＢが具体的に何をすればよいかを教えるときである。

　B7：私が、Ａさんがどうしたらいいのか教えますね。
　A7：なんで私の名前知ってんの？
　B8：なんで私の名前知ってんの？ と思ったんですね。私はＡさんのこと知ってますよ。
　A8：そう。

　これは意外な展開である。Ｂも驚いたにちがいない。なぜＡさんは、A7「なんで私の名前知ってんの？」とＢに尋ねるのだろう？ Ｂがあれほ

ど頻回に「Ａさんは」と名前を挙げて反復をしているのにＡさんは「なんで私の名前知ってんの？」と問いかけるのである。それは、このときまでＡさんにとってＢは私の名前も知らないただの親切な人であったにちがいない。そしてB7「私が、Ａさんがどうしたらいいのか教えますね」を聞いて初めてＢが私を知っている人として現れたのである。Ａさんにどうしたらいいのか教えることができるのは私の名前も知らないただの親切な人であってはいけないのである。

B8：なんで私の名前知ってんの？　と思ったんですね。私はＡさんのこと知ってますよ。
A8：そう。

　このとき初めて、Ａさんに次に何をどうしたらいいかを教えることができる「他者」がＡさんのこと知っている人として確認され、再構成されるべき世界の自己と他者と将来が成立する準備が整ったのである。

B9：Ａさん、今、朝の６時です。もう少しお部屋で寝ててもいいし、起きてご飯食べるところに行ってもいいですし、どうしますか？
A9：…
B10：（少し待つ）もう少し寝る？　起きる？
A10：起きる。

行動の選択

　B9の促しに対してA9は「…」沈黙である。この沈黙の間でＡさんは、今は朝の６時で（時間認識の回復）、もう少し部屋で寝ててもいいし（部屋との関係性と次の動作の回復）、起きてご飯を食べるところに行ってもいいのだ（行動の選択という自律の回復）と知り、どうしようか？と考えている。行動の選択は認知症の人にとって意外に複雑な作業なのかもしれ

ない。われわれも含めて次の行動を選ぶことができるには、その前に選ぶべき将来と他者と自己とが漠然とでも予想され、それらが意味のつながりをもって再構成されていなければならない。それはAさんはこのまま戻ってもう少し部屋で寝ている自分、あるいは今は起きてご飯を食べるところに行く自分をイメージできることである。われわれも含めて人は次の行動をとるには意味のつながりをもった世界の再構成が必要なのである。その世界での自分が漠然とでも直観できて初めて、人はその新たな世界の中で生きる自分を選べるのである。Aさんはこの作業をA9の沈黙のうちに行った。そして将来と他者が整い、起きてご飯を食べるところに行く自分をイメージして世界の意味がつながり再構成ができたので、B10の「もう少し寝る? 起きる?」の問いかけに「起きる」と次の行動を選択でき、明言できたのである。

意味のつながりを求めて

　この会話記録での〔援助〕のゴールはA10の「起きる」である。Bの行った〈苦しみを和らげる認知症ケア〉のサポートでAさんは将来と他者と自己がそれぞれ意味のつながりを取り戻し、A10で世界が回復して再構成されたので「起きる」と意思を表明できたのである。このことは、もしBの〈苦しみを和らげる認知症ケア〉がなければ、Aさんの将来と他者と自己は意味のつながりを失ったまま世界は再構成されず、Aさんは不明と混乱、不安と緊張のなかで立ち尽くすか、あるいは安心と安定を求めて際限のない確認や質問、徘徊、帰宅願望、もの盗られ妄想、意欲低下・アパシーといった必死のコーピングで自己の世界の再構成を試みるにちがいない。そしてそれらが介護者には認知症の周辺症状と受け取られ、そのことがまたAさんのさらなる〈わかってもらえない苦しみ〉を生むという悪循環におちいるのである。それゆえ、〈苦しみを和らげる認知症ケア〉は認知症の人の苦しみを和らげ、軽くし、自律を促す真の認知症ケアなのである。

［引用文献］
1　村田久行・長久栄子編著『せん妄』日本評論社，2014 年，p. 4
2　村田久行『援助者の援助〜支持的スーパービジョンの理論と実際』川島書店，2010 年，pp. 11-12
3　村田久行『改訂増補 ケアの思想と対人援助』川島書店，2012 年，p. 43
4　フランシス.J. ターナー著，米本秀仁 監訳『ソーシャルワーク・トリートメント－相互連結理論アプローチ（上）』中央法規出版，1999 年，pp. 184-187
5　村田久行『援助者の援助－支持的スーパービジョンの理論と実際』川島書店，2010 年，p. 47
6　村田久行『臨床に活かすスピリチュアルケアの実際〔2〕』ターミナルケア 12 (5)，2002 年，p. 423
7　クリスティーン・ボーデン『私は誰になっていくの？』かもがわ出版，2003 年，p. 91
8　屋良朝彦『メルロ＝ポンティとレヴィナス－他者への覚醒』東信堂，2003 年，p. 58
9　立松弘孝編訳『フッサール・セレクション』平凡社，2009 年，p. 182
10　熊野純彦『メルロ＝ポンティ』，NHK 出版，2005 年，p. 72
11　村田久行・長久栄子編著『せん妄』日本評論社，2014 年，p. 134
12　山口晴保『BPSD の定義、その症状と発症要因』認知症ケア研究誌 2，2018 年，pp. 1-16

第5章
認知症の人の体験世界と
〈苦しみを和らげる認知症ケア〉

「症状」ではなく「体験」

　認知症の「症状」を対象として症状を緩和し、抑えたり管理しようとする認知症ケアは〈症状対応の認知症ケア〉である[1]。それは認知症の人の徘徊や不穏、際限のない確認や質問、作話（もの盗られ妄想など）、帰宅願望、暴言・暴力・介護拒否、幻覚と錯覚の訴え、無気力や抑うつといった対応困難な行動・心理状態を認知症の「症状」と捉え、その症状対応を中心に組み立てられたケアである。他方、〈苦しみを和らげる認知症ケア〉は対人援助論[2]にもとづいて認知症の人の苦しみを和らげ、軽くし、なくすることを目的とするケアである。ここでは「症状」ではなく〈苦しみ〉が対象となる。

　そしてその認知症の人の〈苦しみ〉は「症状」ではなく「体験」である。それゆえ認知症の人の〈想い出せない苦しみ〉は体験であり、それから生み出される不明と混乱、不安と緊張もまた認知症の人の体験である。さらにその〈想い出せない苦しみ〉に対する認知症の人の必死のコーピングも体験であり、体験であるにもかかわらずそれが「症状」と捉えられ、抑えられ管理されるときの〈わかってもらえない苦しみ〉もまた体験である。

1　本書：序章
2　村田久行『改訂増補 ケアの思想と対人援助』川島書店，2012 年，p.43

　このように、〈苦しみを和らげる認知症ケア〉の援助的意味を考えるには認知症の人にみられる「症状」ではなく、認知症の人の「体験」そのものから苦しみを和らげる援助の意味を考えることが必要となる。

　本書のまとめとして、ここでは認知症の「症状」にではなく、認知症の人の「体験」に視線を向けて、体験を純粋に体験そのものとして論理的に推察し、認知症の人の体験世界から〈苦しみを和らげる認知症ケア〉の援助的な意味を考えてみたい。

自明性

　われわれの日常は、自明性によって世界は意味のつながりで構成されていることが隠されている。自明とは、証明や説明をするまでもなく分かりきっている様子[3]のことである。自分がいて、親兄弟や家族、友人がいて、いつものように子どもは学校に、自分は家事を手伝い、あるいは孫の世話を…例えばこれらのことは、事故や災害などのない平穏な日常では証明や説明をするまでもなく分かりきった自明のことである。日常とはあたりまえで分かりきっていることの連続であり、それが特に意識されることはない。それゆえ、時間、場所、他人、自分自身という、自明のものごとがそれぞれ意味のつながりをもち、世界は意味のつながりで構成されているということは、ほとんどの人の意識に上ることはないのである。すべてあたりまえだからである。

　ところが認知症の人は、その意味のつながりをもっている日常の個々の体験そのものが、あるいはその一部が丸ごと〈想い出せない〉のである。そのことから、程度の差はあるにしても時間や場所や他人や自分自身を、あるいは事物や言葉の意味すらも想い出せず、それまで自明であった日常のものごとが意味のつながりを失い、世界が意味のつながりのない不明のものとして現れる。例えば、テーブルの上にナイフとフォークがあるの

3　新明解国語辞典 第八版, 三省堂, 2020 年,「自明」の項

はわかるが、それが何をするものかが想い出せない。水道の蛇口はわかるが、カランは何のためのものかわからないし、水を出すにはそれをひねるという使い方も想い出せない。すべて道具は用途という意味を含んでいるが、認知症の人はその用途という道具の意味を想い出せないのである。そして、そもそも自分はこの道具を使ってここで何をしようとしているのかを想い出せないで、呆然とキッチンに立ち尽くす認知症の女性を見かけたことはないだろうか。料理とは手順の技である。しかしその個々の手順も手順の意味も想い出せず、混乱してわけがわからなくなった認知症の人は、もう、どうしたらいいか分からない！　と途方に暮れてしまう。自明であったものが不明となるのである。

不明

　不明とは、必要な知識や思考力に欠け、的確な判断を下すことができないこと[4]である。まさに認知症の人は自分の日常において、実際の一つひとつの動作で必要な知識を想い出せず、それらの意味のつながりを理解する思考力に欠け、自分は次に何をどうすべきかの的確な判断を下すことができない。不明の状態におちいっているのである。わけが分からなくなって立ちすくんで、「…恐ろしいのよ。何か暗い穴に吸い込まれていくような…」と話す認知症の人がいた。たとえ傾聴されてこの恐怖を語られても、認知症の人にはそれを理解することも説明することもできない。なぜこれまであたりまえで、自明であった日常のものが急に不明のもの、いつのまにか恐ろしいものとして現れてくるのか？

　不明とはまた、問題とする事柄について、その実体や事実関係などがはっきり確認できない様子[4]をいう。認知症の人には世界がその実体や事実関係などがはっきり確認できない不明のものとして現れるのである。わからない。わからないから不安だし、怖い。居ても立っても居られない不安

4　新明解国語辞典　第八版，三省堂，2020年，「不明」の項

と焦りで動き出す認知症の人は、じっとしておれない存在そのものが不安
定なのである。

不安と不安定と緊張

　認知症の人は自分自身のその状態を「最近、もの忘れがひどくなった」
と考える。人との約束を忘れたり、昨日のことを指摘されても、「ああ、
そう、そうだったね」と答えはするが、実際には想い出せない。間違いを
指摘され、訂正されるとなんとか言いつくろうが、同時に、お前はダメだ
なぁと蔑まれた感じがして自分を否定されたように思い、落ち込む。また
何か失敗をしでかすのではないかとビクビクして、何ごとにも緊張して、
身構える。自信をなくしてつい人の顔色をうかがう自分が情けなくなるが、
すぐにまた確認したくなる。質問して何度も確認しないとこれでいいのか
不安でたまらない…。

　不安と不安定と緊張。認知症の人が不明を体験するとはそういうことな
のだ。いつもの見慣れた日常の世界がときどきふっと不明のものとして現
れてくる。しかし認知症の人はそれが〈想い出せない〉ことによる不明の
体験だとは気がつかない。世界のほうが見知らぬものに変貌して現れてく
るのである。

不明と混乱、不安と緊張、そして屈辱と怒り

　世界が不明なものとして現れて混乱する認知症の人は、不安から身構え
て緊張する。ちょっとした言い間違いも笑われ、失敗を修正され、ときに
は優しくたしなめられ、指導される。それをなんとか笑い話で済ませたり
助けてくれた人に感謝を述べたりするが、そのとき認知症の人が味わって
いる屈辱については誰も想像してくれない。このような屈辱はもう味わ
いたくない、二度と失敗はするまいと緊張し身構えるが失敗は再び起こる。
今度はもう笑い話で済ませたり、感謝を述べたりしている場合じゃない。

怒りがこみあげてくる。なぜこんなことになるのか？　なぜこんな扱いを受けなければならないのか？　私はそんなにダメな人間か？　この怒りは、余計なお世話や押しつけがましい親切に対して〈もう自分でする！　自分でできるから放っておいてくれ！　私に構うな！〉という思いとともに爆発する。認知症の人の突然の怒り―それはなぜ突然なのか？　それは、認知症の人は自分をダメ扱いする他者に反発しても、嫌だと思ってもそれを言うべきふさわしい言葉を想い出せないからである[5]。言葉は行為を意味づけ、説明する。そして意味は言葉で思念され、言葉で伝えられる。しかしそのとき言うべき言葉、その場にふさわしい言葉を想い出せない認知症の人は、自分の行為を意味づけ説明する言葉を失い、言葉を捨て、もういい、自分でする！　自分でできるから！　と他者を拒む。拒否は、言葉を捨てた人の最初の動作である。そして拒否とともに怒りが爆発するのである。

プライド

　認知症の人はプライドが高い。それは認知症の人はダメな自分に怒っているからである。そこにはまた、自分をダメ扱いし子ども扱いする周りへの屈辱の怒りがある。言葉のない認知症の人のこの怒りは鬱積し、プライドが傷つけられると爆発する。〈想い出せない〉ことによる不明と混乱、不安と緊張は屈辱の思いとともに自他に対する怒りと拒否を生み、それがまた、プライドとなって現れる。

　認知症の人のプライドは自信のない人の強がりなのかもしれない。一種のコーピングである。だから自分から「できない」とは言わないし、自分から「忘れてしまった」、「想い出せない」、「わからない」と言えない。それを言うことは屈辱であり、恥ずかしい自分の無能を認めることになるからである。それゆえ、私は間違っていない！　むしろ周りこそわかっていないと主張する。介護者が認知症の人に「あら～またこぼしちゃったのね。

5　クリスティーン・ボーデン『私は誰になっていくの？』かもがわ出版, 2003 年, p. 91

きれいにしましょうね」などと不用意な親切心で関わると、認知症の人はそれを相手が自分をダメな人扱いしたように感じて鬱積した怒りが爆発、私に構うな！ 放っておいてくれ！ と反発する。介護拒否である。この怒りと拒否が周りを驚かせ、認知症の人の不明と混乱、不安と緊張をますます強くし、介護者もまた認知症の人はわからない！ と感情的になってしまって、その怖れと絶望感から双方の互いに〈わかってもらえない！〉苦しみが生まれるのである。

孤独

　孤独とは相手に〈わかってもらえない！〉という体験から生まれる苦しみである。しかし孤独は孤立とは異なる。孤立とは身のまわりに頼りになるもの、仲間になるものが無いこと、あるいは不利な立場にあること[6]である。一方、孤独は、周囲にたよりになる（心の通い合う）相手が一人も居ないで、ひとりぼっちであること[7]である。つまり孤立は社会的に切り離された〈状態〉のことであり、それは身のまわりに頼りになるものが見つかり、仲間になるものが得られると解消される。しかし孤独は、たよりになる（心の通い合う）相手が一人も居ないで、ひとりぼっちであると感じる〈体験〉である。ひとはどんな人でも、たとえ親しい家族や仲間と一緒に居たとしても（孤立していなくても）、相手にわかってもらえない！と思ったときに孤独を感じる。それは相手に〈わかってもらえない！〉と思ったときに体験する自己の存在と意味の消滅から生じる空虚の苦しみなのである。

　日常世界を生きるわれわれでさえ頻繁に体験するのが孤独である。まして自分の体験したことを〈想い出せない〉ことから生まれる不明と混乱、不安と緊張のなかでさまよい、プライドと屈辱と怒りから人の助けを拒否

6　新明解国語辞典 第八版, 三省堂, 2020 年,「孤立」の項
7　同上書,「孤独」の項

する認知症の人は孤立し、ますます誰にも〈わかってもらえない！〉孤独と空虚の苦しみを体験する。そしてそれに応じて、これまでの見慣れた日常の世界はいよいよ不明のもの、見知らぬものとして現れてくるのである。

痴呆

　認知症の人は 2004 年まで長く"痴呆"と言われてきた（第６章[8]）。痴呆とは日常生活に必要な知能が欠けてしまっている人のことである[9]。たしかに現在、介護の現場は"痴呆"を改めて"認知症"と称している。しかし現実の介護職員は今もどこかで認知症の人を「日常生活に必要な知能が欠けてしまっている人」と思っていないだろうか。

　なぜ、職員は認知症の周辺症状の対応で業務を進められないとき、認知症の人の訴えをごまかし、かわし、すかし、うそぶき、スルーし、はぐらかし、取り繕い、やり過ごそうとする（第１章）のだろう？　なぜ「家に帰る！」と訴える認知症の人に「そういえばさっきご主人から電話があって、今日は仕事が遅くなるからここに泊まってくれって」（第２章）などと見え透いた嘘をつくのか？　認知症の人にはその嘘がばれないと思っているのだろうか。職員は心のどこかで、認知症の人はそれを見抜けないほど知能が欠けてしまっていると思ってはいないだろうか。

　人形をあやしながら施設の玄関に立っている認知症の人Ａさんに「○○ちゃん（人形）は風邪ひいていませんか？」と職員が声をかけたとき、「人形は、風邪なんかひかない」と奇異な視線を向けて、「この人は、おかしなことを言うね。○○ちゃん」と応じるＡさんに職員はギョッとして人形は孫の○○ちゃんではなかったのか？　Ａさんは人形を孫の○○ちゃんだと信じていたのではなかったのか？　と動揺する（第１章）。このＡさんにとって人形は大切な孫の○○ちゃんであり、介護職員にとってはＡ

8　本書第６章：「2004 年厚生労働省の用語検討会によって「痴呆」は「認知症」という言葉に統一された」

9　新明解国語辞典 第八版，三省堂，2020 年，「痴呆」の項

さんの徘徊を抑制し、機嫌よく誘導するための道具であったはずである。であるのに「人形は、風邪なんかひかない」と応じるＡさんはこれまでの職員の言葉や態度をどのような想いで聞いていたのだろうか。この職員にはこれまでの自分の認知症の人への対応に大きな疑問とともに、これまでには味わったことのない胸が締め付けられるような妙な感覚がせりあがってきたという。

　Ａさんはこれまでの職員の言葉や態度を「人形を孫の〇〇ちゃんだと思うほど私が馬鹿だと思っているの？　人形は人形よ。でもかわいい！」という想いで見ていたかもしれない。むしろ職員の方こそＡさんに乗せられていたのだ。…これが、職員がこれまで味わったことのない胸が締め付けられるような妙な感覚の理由であろう。

蔑み

　認知症の人の徘徊を抑制し、機嫌よく誘導するために人形をあてがう職員のこの都合のいい〈あてがい〉に潜在するものは、〈認知症の人＝何もわからない人〉という無自覚の蔑みではないだろうか。たとえ呼称は"認知症"と変えても、現場では無自覚に〈認知症の人＝日常生活に必要な知能が欠けてしまっている人〉として関わってきてはいないか。実際、現場で職員が周辺症状の対応に困ると認知症の人の訴えをごまかし、かわし、すかし、うそぶき、スルーし、はぐらかし、やり過ごそうとするのは、もちろん最初から意図したものではない苦しまぎれの対応ではあるだろうが、そこには少々のウソやごまかしがあっても相手は何もわからないだろうという職員の驕りが潜在するのかもしれない。

　しかし一方、このような職員の対応を認知症の人はどのように見ているのだろうか？　このような対応は認知症の人にどのようなものとして現れているのだろう？　自分の訴えがいつもごまかされ、かわされ、すかされ、うそぶかれ、スルーされ、はぐらかされ、やり過ごされるとき、たとえ相手にうまく乗せられて、巧みに説得されたとしても、そのとき認知症

の人に残るのは何か納得できない不全感であり、それとともに、馬鹿にされ、あしらわれ、子ども扱いされたという屈辱感、あるいはまともに応対してもらえないという言葉にならない不信感ではないだろうか？　そしてさらに重要なことは、これらのその場しのぎの対応では、認知症の人の〈想い出せない苦しみ〉から生まれる不明と混乱と不安と緊張と孤独と空虚は、依然として何ひとつ解消されないということである。

不全感と屈辱、不信と怒りと拒絶

　認知症の人はプライドが高い。それゆえ屈辱と蔑みに敏感である。たとえ本人は言葉にできなくても職員の対応に自分は馬鹿にされている、あしらわれ、子ども扱いされていると感じるとき、認知症の人はどのような反応をみせるのだろうか。反発する？　拒否する？　あるいは、ここで逆らっても無駄と考えて相手に合わせたふりをして笑顔でお礼を言う？　いずれにしても、そこには言葉にならない不全感と屈辱、不信とあきらめの想いがあるのではないだろうか。そこからは相手に自分を委ねる信頼と安心は生まれてこない。そしてこの不全感と屈辱、不信とあきらめが、ついには周りから疎外され、敵と視られているとの想いを生み、それが認知症の人のさらなる「周辺症状」を生み出す体験の土壌となるのである。

孤独のコーピング

　認知症の人は知能に欠ける人ではない。ただ個々の体験そのものが〈想い出せない〉のである。そのことから、時間も場所も他人（ひと）も自分の行為もあるいは事物や言葉すらも想い出せず、それまで自明であったものごとが意味のつながりを失って不明のものとして現れて混乱しているだけなのである。落ち着いて聴いてもらえれば自分で考えることも、話すこともできる。なのに、日常生活に必要な知能が欠けてしまっているって？　馬鹿にするな！　まだまだ自分はできる。ときには間違えたりもするが、まだ

まだ自分で自分のことはやれる！ もうあんたの世話になんかなりたくない！ と、屈辱と蔑みに敏感な認知症の人は誰にもわかってもらえない孤独と不信と不全感のなかで、できない自分に怒り、自分を子ども扱いする相手を拒絶してとにかく自分で何とかしようとする。もうわかってくれなくていい、他人(ひと)には頼らない！…ここから認知症の人の孤独のコーピングが始まる。世界が意味のつながりを失い、不明となった不安定と不安と緊張のなかで、認知症の人は意味のつながりを求めてもがくように孤独のコーピングを試みるのである。しかしそのような認知症の人の苦しみをわかろうとせず、制限して指図ばかりする周りの人間はときには"敵"として現れることさえある。絶望と孤独の想いで孤立し人の助けを拒否する認知症の人は、疎外され自分独りでさまざまなことを試み、意味のつながりを求めて思いつくかぎりのあらゆることをする。そしてそのコーピングをわれわれは「周辺症状」と呼ぶのである。

周辺症状

　体験したことの一部をまるごと〈想い出せない〉ことから、失われた意味のつながりを求めてさまよう認知症の人の孤独のコーピングは、徘徊や帰宅願望、際限のない確認や質問、作話・もの盗られ妄想など、「同年齢の健常者には通常みられない、異常な状態」と捉えられ、これら「普通の人ならやらない行動」「文化的に不釣り合いな行動」「社会のルールを逸脱する行動」は「認知症患者にしばしば生じる、知覚認識または思考内容または気分または行動の障害による症状（BPSD）」と定義され[10]、介護の現場では対応に難渋する「周辺症状」として扱われている。

　医学では、そもそも「症状」という用語には「同年齢の健常者には通常はみられない」、すなわち「異常な状態」という意味合いがあるという[10]。健常者が誰でもする行動は正常、ごく少数の人が行う問題行動は異常とす

10　山口晴保『BPSD の定義、その症状と発症要因』認知症ケア研究誌 2，2018 年，pp. 1-3

るのである。現代の認知症ケアがBPSDを語る場合、それはすでに〈症状対応の認知症ケア〉であることを意味している。そこでは認知症の人の「徘徊」や「無気力」、「妄想」等々を認知症のBPSD（症状）として扱うが、その意識に潜在しているのはこれを「同年齢の健常者には通常みられない異常な状態」として捉え、大多数の人の健康な状態に是正しようとする医学モデルの志向性なのである。

　しかし、「症状」とは病気などが原因で現れてくる現象のことであり、あくまでその現象を客観的に外から見て「異常な状態」という解釈を与えたものである。例えば、認知症の人の「妄想」は「根拠がないにもかかわらず、説明や説得によって覆すことができないことが特徴であり、認知症におけるBPSDの中でも62％と多い頻度で出現する[11]」といわれる。しかしこの場合の「根拠がない」と判断しているのも、「にもかかわらず」と考えているのも、「説明や説得」をするのも、それによって「（妄想を）覆すことができない」と困っているのもすべて認知症の人本人ではなく、むしろそれを外から見て「困ったもの」、「異常な状態」と考え、「症状」として扱っているわれわれである。そのときのわれわれは認知症の「症状」のもとに潜在する認知症の人の体験世界のことは考えていない。

「周辺症状」に隠される体験世界

　他方、認知症の人の「体験」に視線を向けて、「体験世界」からこれらの「周辺症状」は認知症の人の孤独のコーピングであると捉えなおすと、そのコーピングが生まれるもとには認知症の人の日常が不明なものとして現われる混乱、戸惑い、不安と緊張と孤独、できない自分への屈辱や怒り、無力感、それに対抗するプライド、周りの蔑みや子ども扱いに対する不信や不全感、周囲からの孤立と疎外感、そしてそれへの反発や猜疑心や敵意など、言葉にならない苦しみの「体験世界」が渦巻いていることが理解で

11　矢口久美：日本看護協会編『認知症ケアガイドブック』2016年, p.92

きるのである。

　しかし、これら認知症の人の「体験世界」は「周辺症状」によって覆い隠されている。現場では「周辺症状」のみが際立ち、問題とされる。それゆえ現場で認知症の症状対応に心を奪われている介護者は「周辺症状」が認知症の人の〈想い出せない苦しみ〉に対するコーピングであることも、そのコーピングが生まれるもとには認知症の人の苦しみの「体験世界」が渦巻き、潜在していることにも気がつかない。そしてそのときの〈症状対応の認知症ケア〉がまた、認知症の人の〈わかってもらえない苦しみ〉を生み、さらなる「周辺症状」を生み出すという多重構造と悪循環を形成しているということにも思いが至らないのである。まして認知症の人はこういう事態を知る由もない。

体験世界からみた〈苦しみを和らげる認知症ケア〉の援助的意味

　従来の〈症状対応の認知症ケア〉がもっている限界を乗り越えて新たな認知症ケアを創出するには、「周辺症状」によって隠されている認知症の人の「体験世界」に視線を向けてその「体験世界」からどのようにして「周辺症状」といわれるものが生み出されるのか、それがまたどのような悪循環で固定化されていくのか、そのメカニズムを解明することが必要である。そのプロセスとメカニズムを解明することによって、初めて認知症の人がいかに〈想い出せない苦しみ〉による不明と混乱に振り回され、それに対するコーピングに没頭専心しているかが明らかになり、さらにそのコーピングが「周辺症状」として抑えられたり、ごまかされたり、はぐらかされたりすることで、どのように認知症の人が〈わかってもらえない苦しみ〉からさらにそのコーピングにのめり込み、それに介護者も一緒になって「周辺症状」に振り回されていくかが明らかになるのである。

　そしてこのプロセスとメカニズムを解明することで、認知症の人が〈想い出せない苦しみ〉に対するコーピングから離脱する方法が示され、〈わかってもらえない苦しみ〉への不要なコーピングからも解放される途が拓

かれる。その途の先に、「周辺症状」に振り回されることなく、認知症の人も介護者も安心して自分をとりもどして自律を回復し、自己の存在と意味に充実と安定が与えられる認知症ケアが確立できると考えるのである。これが〈苦しみを和らげる認知症ケア〉の目標である。

認知症の人のコーピングは的外れである

　認知症の人の〈想い出せない苦しみ〉に対するコーピングを認知症の人の「体験世界」から考えてみると、認知症の人のコーピングは的外れである。的外れとは、それによって認知症の人の〈想い出せない苦しみ〉は少しも和らがないからである。その結果、認知症の人も介護者も「周辺症状」に振り回されていく。このことは認知症の人のみならず介護者にもその「体験」に視線を向け、体験を純粋に体験そのものとして考察する必要性を示している。介護者がなぜ、どのように「周辺症状」を認識し、それがなぜ、どのように認知症の人と介護者との関係の悪循環につながっていくのか、そのメカニズムは介護者の「体験」から考察することによっても明らかにできるのである。

　体験したことの一部をまるごと〈想い出せない〉ことから、認知症の人には〈ものごとの意味のつながり〉が失われて世界が不明なものとして現れる。その混乱と不安定から、安心と安定を求めて認知症の人は必死のコーピングをするのであるが、そのときの言動はすべて、どれひとつとして認知症の人に〈ものごとの意味のつながり〉を回復させるものではない。それゆえ安心と安定を求めるこれらの言動・コーピングはすべて的外れなのである。その結果、認知症の人は仮の安定であってもよい、ひとときの安心でも得ようと、何度も空しい確認や質問を繰り返したり、通常の日常ではありえないことを自分の想念でつなぎ合わせて作話をするなど、再び何らかの形で〈ものごとの意味のつながり〉を確認して安定と安心を得ようと必死のコーピングを試みるのである。

的外れのコーピング：二つのタイプ

　認知症の人のこのような的外れのコーピングには二つのタイプがある。ひとつは、認知症の〈想い出せない苦しみ〉から〈ものごとの意味のつながり〉が失われて世界が不明なものとして現れたとき、その混乱と不安を「ここはどこ？」や「次は何をすればいいの？」と直接の質問で解消しようとするコーピングである。しかしこの認知症の人の質問に対して、こちらがどれほど「ここは○○ですよ」とか、「次は○○をするのですよ」と答えても、認知症の人の求めている〈ものごとの意味のつながり〉はまったく回復されないので質問は再び何度も繰り返される。それゆえこのような介護者の応答もまた、的外れの応対なのである。これは徘徊や際限のない確認や質問などにみられる。

　もうひとつのタイプは、通常の人にはみられない仕方で人やものごとを自分の頭の中でつなぎ合わせて〈ものごとの意味のつながり〉を回復させようとするコーピングである。自分がなぜ、どのようにして施設に来たのかを〈想い出せない〉ことから、〈ものごとの意味のつながり〉が失われ、現在の不明と不安と孤独と緊張から逃れようと「家に帰る！」と訴える帰宅願望や、自分がしまい込んだものを〈想い出せない〉ことから、「私の○○がない！　あいつが盗った」と主張し訴えるもの盗られ妄想や作話などのタイプである。これらに対して、いくらその主張（家に帰る！　あいつが盗った！）には根拠がないのだと客観的な事情や理由を説明しても、そのことで認知症の人の求めている〈ものごとの意味のつながり〉は回復しないので、このタイプのコーピングにはどのような説明も説得もその主張を覆すことができないのである。それゆえこの場合の介護者の説明や説得もまた的外れなのである。これは帰宅願望やもの盗られ妄想などの場合にみられるコーピングである。

認知症の人の的外れのコーピングを介護者は「周辺症状」と思う

　一方、認知症の人のこのような常軌を逸した言動は介護者の「体験」からは自分たちには理解のできないものとみられる。その結果、これは認知

症特有の「症状」なのでわれわれにはその理由や心情は理解できないし、通常の説明や説得では対応できないのでまともに応対していると業務の妨げになると考えられる。現場の介護者からはこの認知症の人のコーピングは「同年齢の健常者には通常みられない異常な状態」、つまり認知症の「周辺症状」なのだと扱われるようになるのである。すると認知症の人はこの〈症状対応〉の扱いにますます〈わかってもらえない苦しみ〉を深め、それに対する反発は介護拒否や、ときには暴言・暴力となり、介護者はますますこれを「症状」として扱うことで認知症の人の心情を理解することを放棄し、さらに「症状」に目を奪われ、理解できない認知症の人の「症状対応」に専心する。そして認知症の人の「体験世界」にもその〈苦しみ〉にも目を向けなくなる。その結果、認知症の人と介護者は双方互いの不信や不全感から、ますます〈わかってもらえない苦しみ〉を抱き、それへの反発や敵意などの的外れのコーピングに拍車がかかるという悪循環と緊張の日々を過ごしていくことになるのである。

　これが、「周辺症状」が現場で認識され、問題視されるときの「体験世界」のメカニズムであるだろう。そしてここから認知症の人と介護者双方の〈わかってもらえない苦しみ〉が発生し、それが相互作用して増幅し、さらに悪循環していくのである。

「体験世界」から認知症の「周辺症状（コーピング）」を解明する

　認知症の「周辺症状」に対応する〈症状対応の認知症ケア〉には、認知症の人の苦しみを和らげる「援助」の視点は存在しない。それゆえ症状対応では「周辺症状」は収束することはないのである。〈苦しみを和らげる認知症ケア〉こそが認知症の人の「周辺症状」をそのもとの〈想い出せない苦しみ〉から理解して、その〈苦しみ〉を和らげ、軽くして認知症の人の的外れのコーピングをなくすことができるケアである。しかし今後、このケアを確かなものとしてあらゆる認知症ケアに適用するには、認知症の人の「体験世界」から認知症の「周辺症状（コーピング）」を解明する

ことが必要である。つまり「周辺症状」、あるいは BPSD と呼ばれている
ものは認知症の人の「体験世界」ではどのようなメカニズムで発生するの
か、またそれにはどのような'ケア'が可能なのかを認知症の人と介護者
の「体験世界」から説明する必要があるということである。

　そこで手始めに、「認知症における BPSD の中でも 62％と多い頻度で出
現する[11]」といわれる「妄想」、特に現場が対応に苦しむ「もの盗られ妄想」
が生み出されるメカニズムを認知症の人の「体験世界」から分析し、そこ
から〈苦しみを和らげる認知症ケア〉はどのような'ケア'を組み立てる
ことができるのかを示してみたい。

　以下の論考は、体験に視線を向けて「体験世界」から認知症の人の「も
の盗られ妄想」を分析した場合、認知症の人の〈想い出せない苦しみ〉と
〈わかってもらえない苦しみ〉に対するコーピングはどのように説明され、
それにもとづいて〈苦しみを和らげる認知症ケア〉の援助はどのように展
開されるのか、そのケアの考え方と具体的な方法を「もの盗られ妄想」と
「幻覚からの妄想」を訴える認知症の人の事例で考察するものである。そ
れらを通して認知症の人のすべての〈苦しみ〉を和らげ、それに対する的
外れのコーピングが不要となる〈苦しみを和らげる認知症ケア〉の援助的
意味と可能性を明らかにしたい。

体験世界からみた認知症の人の「もの盗られ妄想」

　妄想は不明の体験から始まる。不明だ、わからない、わからないから不
安だし、怖い。居ても立っても居られない不安と焦りで動き出す認知症の
人はじっとしておれない。存在そのものが不安定なのである。不安定とは
ものごとが安定しなくて危なっかしい様子[12]のことであり、どこにも信
頼できる確かなものが存在しない状態であるともいえる。〈想い出せない〉

11　矢口久美：日本看護協会編『認知症ケアガイドブック』2016 年，p. 92
12　新明解国語辞典　第八版，三省堂，2020 年，「不安定」の項

ことから世界が不明のものと現れ、〈ものごとの意味のつながり〉が失われて存在そのものが不安定となった認知症の人は、あふれる疑問を確かめたいが自分に確信をもてない。確信と安定を求めて人に質問し確認しても、あるいは、私はどうすればいいのと問い尋ねても何らの確信も安心も得られず、逆にその言動を周りから「同年齢の健常者には通常みられない異常な状態[10]」と捉えられ、なぜか自分はのけ者にされていると感じる。その結果、ものごとが意味のつながりを失い、周りからも疎外されている自分は寄る辺もなく孤立し空虚な漂う存在だと感じるのである。

　他人（ひと）に対しても、その関係は見知らぬものに変貌し、誰も信用できなくなった猜疑心から作り話でつじつま合わせの説明をしたり、通常ではありえない仕方で〈ものごとの意味のつながり〉を主張するので、他人（ひと）に避けられたり否定されたりしてさらに疎外感が強くなり、ついには作話し妄想に訴えて「私は悪くない、私は被害者だ」と自己正当化をするようになる。認知症の人の妄想とは、このように孤立と孤独の疎外感から追い詰められ、道理に合わないやり方で〈ものごとの意味のつながり〉を主張して仮の安定と安心を得ようとする必死のコーピングであると考えられないだろうか。これが「作話」であり、そのときの喪失を他人（ひと）のせいにする理不尽な自己主張が「もの盗られ妄想」といわれる「周辺症状」となっていくのである。

確信が心の安定を生む

　「作話」や「もの盗られ妄想」と云われるものは認知症の人の〈想い出せない〉ことへのつじつま合わせのコーピングである。それを介護者に否定されたり客観的事実で反証されるとその主張はたちまち不安定となり、認知症の人は破綻した〈ものごとの意味のつながり〉を修復しようと自分本位の主張で「妄想」を強化する。そしてさらに批判され否定されるといっそう的外れの主張を強弁して周りから白い目で見られ、さらに疎外さ

10　山口晴保『BPSD の定義、その症状と発症要因』認知症ケア研究誌 2, 2018 年, p. 3

れるという悪循環に陥るのである。しかしなぜ、「もの盗られ妄想」の認知症の人は「根拠がないにもかかわらず、説明や説得によって覆すことができないことが特徴[11]」といわれる理不尽な主張をくりかえすのだろう？それを解くキーワードは、「確信が心の安定を生む」である。

　認知症の人のつじつま合わせの自己正当化である「もの盗られ妄想」は周りが説明や説得によって覆そうとすればするほどその確信と妄信を強くする。その理由は、確信と妄信はそれが強ければ強いほど心の安定を生むからである。認知症の人の不明と不安と不安定の体験は何より〈意味のつながり〉と心の安定を求めている。しかし心の安定は確信がないと得られない。そしてこの安定を得るためのコーピングが確信なのである。確信には他者の同意は不要である。攻撃が激しいほど味方の結束が固くなるように、「妄想」が否定され、それを覆そうとする説明と説得が強くなるほど認知症の人の確信と妄信はますます固くなり、それに応じて心の安定が得られ、「妄想」はさらに強くなるのである。「もの盗られ妄想」で展開される理不尽な主張は、それがたとえ仮のものであっても確信によって心の安定を得ることが目的なので、客観的事実で反証されても覆せないのである。

事実と想念と妄想

　不明の体験。われわれも日常において不明で納得できないことは気になり、放置できない。あれこれ考えて何とか想念が事実と合うように認識を改め、新たな将来と他者と自己を更新して世界を再構成して生きている。しかし不明と不安と不安定のなかで追い詰められた認知症の人にとって想念と事実の関係はそれとは異なる。ここでは想念が事実を支配していて、事実は想念を修正しないのである。

　〈想い出せない〉ことにより〈ものごとの意味のつながり〉が失われ、不明と不安定を生きる認知症の人は、たとえ周りに違うと言われても〈意

11　矢口久美：日本看護協会編『認知症ケアガイドブック』2016年, p.92

味のつながり〉を求めて事実を想念に合うように作り上げ、「同年齢の健常者には通常みられない異常な状態[10]」の世界を構成して自己の正当性を主張する。「妄想」は自己の確信を強める事実を探し出し、確信を補強する事実をつくり出すのである。このときの、事実を想念に合うように作り上げるとは、想念が事実を支配していることであり、確信が妄想であると言われようともそれでものごとの意味がつながり、心の安定が得られるのであれば想念は確信を補強する事実をつくり出すということである。これが認知症の人が周りに疎外され、孤立と孤独のなかで「あいつが盗った！」と道理に合わない主張をするメカニズムであり、それが〈想い出せない〉ことによる不明と不安と不安定の苦しみに対して心の安定を得ようと必死に生きる認知症の人の妄想（コーピング）の世界なのである。

　それに対応する介護者はこのようなメカニズムを知らない。それで一向に収まらない理不尽な主張を真に受けることをやめてこれを認知症に特有の「症状」と考えて対処するので、その対応がまたわかってもらえない！と認知症の人の不信と反発と不安定を生み、認知症の人は仮の心の安定のために「妄想」をいっそう強化するのである。

妄想に反証したり、同調すると妄想はさらに強くなる

　それゆえ、介護者が認知症の人の「もの盗られ妄想」に客観的事実で反証することは妄想をさらに強化することになり、逆にそのような介護者は認知症の人の仮の安定を脅かす"敵"として現れることさえあると認識すべきである。そしてそのときの不信と敵対の関係もまた、それ自身が認知症の人の仮の安定のための確信と妄想の強化に一役買うことになるのだと知るべきであろう。

　一方、否定や反証とは逆に、認知症の人の「妄想」に同調したり、同調のふりをして話を逸らしたり、なかには同調のふりをして無くなったもの

10　山口晴保『BPSDの定義、その症状と発症要因』認知症ケア研究誌 2，2018 年，p. 3

を一緒に探したりする介護者もいる。しかしそれは単に手ごわい「症状」を収めるためのその場しのぎの対応であって、認知症の人の求める〈ものごとの意味のつながり〉を回復させるものではない。それゆえ同調では認知症の人の「もの盗られ妄想」は収まらず、いずれ再発するのである。

「もの盗られ妄想」の発生と強化と再発

　これらのことをあらためて「体験」の視点から観ると、認知症の人の「もの盗られ妄想」の発生と強化と再発には、認知症の人のつじつま合わせのコーピングを「症状」とみる介護者と認知症の人の関係が大きく影響していることが理解できる。つまり「もの盗られ妄想」は認知症の人の不明と不安定、周りからの疎外に対抗するつじつま合わせのコーピングとして発生し、それを「症状」とみて対処しようとする介護者とそれに反発する認知症の人との互いの関係のあり方によって強化され、再発するということである。それでは、このときの「もの盗られ妄想」を強化する認知症の人と介護者との関係のあり方とはどのような関係をいうのであろうか。さらに考察を進めたい。

「盗ったにちがいない」と「盗るはずがない」

　認知症の人が「あいつが盗った！」と言うとき、その人はその現場を見たわけではない。それゆえ、その言わんとすることは「あいつが盗ったにちがいない」ということである。これは介護者に対して「あんたが盗った」と言う場合も同じである。このときの「盗った」という主張に含まれている「ちがいない」を支えているのは、認知症の人の相手に対する猜疑と不満と不信の想いであろう。日頃の想いに猜疑と不満と不信が潜在した関係であるからこそ認知症の人は〈想い出せない〉ことから自分のものが無くなったと思ったとき、「あいつが盗った（にちがいない）」と主張するのである。なぜならもしその認知症の人が相手の人を信頼していて相手を味方と想う関係であれば、たとえ〈想い出せない〉ことから自分のものが無くな

ったと思ったとしても、その相手の人には「あの人が盗るはずがない」と
言うであろう。このときの「盗ったにちがいない」と「盗るはずがない」
の違いはどこから生まれるのであろうか。

　さらに、認知症の人が「あいつが盗った（にちがいない）」と主張する
とき、誰彼なしに「あいつが盗った」と言うわけではない。ある特定の人
を名指しして「あいつが盗った」と言う。しかしなぜ、ある特定の人を名
指しして「あいつが盗った」と言うのだろうか？　ここで忘れてならない
のは、この「あいつが盗った」の主張には〈想い出せない〉ことで〈もの
ごとの意味のつながり〉が失われた不明と不安と不安定が背景にあり、そ
の〈意味のつながり〉を回復しようとする世界の再構成（意味のつなが
りの再構成）には疎外され孤独に追い詰められた認知症の人の自己正当化
が反映されるということである。溺れる者は藁をもつかむ。認知症の人に
とっては世界の不明と自己の不安定を覆い隠して仮の安定を得るには想念
のつじつまが合えば理由は何でもよいのである。自分の物が無くなった！
なぜ？　認知症の人にはそれを自分が想い出せないからだという発想が
ない。その理由を説明するために想念は事実をつくり上げ、想念の確信が心
の安定を支えるのである。そのときのキーワードが「私は悪くない、私は
被害者だ」である。〈想い出せない〉ことから自分の物が無くなったと思
ったとき、日頃の言動から不満や不平や不信感をもつ特定の人を名指しし
て〈意味のつながり〉のつく自己正当化をするときの文法が「私は悪くな
い、私は被害者だ」なのである。これが標的を生み、周りに否定されると
さらに心の安定を求めて確信と妄信が強化され、「あいつが盗った！」が
「もの盗られ妄想」に発展するのである。

関係性の違いが世界の再構成に反映される

　このように、「もの盗られ妄想」で他人を非難する場合、そのときの相
手との関係や世界の現れの違いが認知症の人の世界の再構成（意味のつな
がりの再構成）に反映される。それに加えてこの認知症の人の的外れのコ

ーピングを介護者が認知症の「症状」と捉えて対応することから、介護者の認識の中で「もの盗られ妄想」という「周辺症状」がつくり出されていくのである。

　他方、〈想い出せない〉ことによる認知症の人のこの的外れのコーピング（妄想）も、そのもとになる〈想い出せない苦しみ〉をわかってもらえた！　と実感できる応対をされると孤独と孤立と疎外の苦しみは和らぎ、不安定が安定となってそれまでは自分を疎外する“敵”と思っていた他人への不信と敵視は意識の外になり、「あいつが盗った」と主張する的外れのコーピングは必要がなくなる。他者への信頼と安心の関係が形成されて存在が安定すると認知症の人のこの的外れのコーピングは不要となり、その結果、「妄想」と呼ばれるものは消失するのである。ここに、「もの盗られ妄想」など認知症の人の的外れのコーピング（周辺症状）が不要となる〈苦しみを和らげる認知症ケア〉の新たな途が示されているのである。

認知症の人の「妄想」に応対する2つのポイント

　それでは、認知症の人のいわゆる「妄想」に対して〈苦しみを和らげる認知症ケア〉は実際においてどのような応対をするのか？　それには2つのポイントがある。

　第1のポイントは、相手に選ばれ、信頼されることである。具体的には、認知症の人の的外れのコーピングのもとにある〈想い出せない苦しみ〉に意識を向けて苦しみに〔共感を示す反復〕と〔ちょっと待つ〕の応対をとるのである。そのことで認知症の人が誰にもわかってもらえないと思っていた孤独のコーピングと〈想い出せない苦しみ〉をわかってもらえた！と実感できると、孤独と孤立の苦しみが和らぎ、それまで周りは自分を疎外する“敵”だと思って身構えていた的外れのコーピングは不要となり、緊張が緩んで相互の信頼が生まれる。その結果、これまでの“敵”が“味方”となるのである。言わば武装解除である。まず認知症の人の緊張と孤独の苦しみを和らげること、そして相手に選ばれること。これが何より優先さ

れるべき第1のポイントである。

　第2のポイントは、さまざまな〔反復〕のスキルを駆使して認知症の人が的外れのコーピング（妄想）から覚めて自分をとりもどすのを手伝うことである。妄想を訴える認知症の人は〈想い出せない〉ことによる不明と不安定と孤独と疎外に苦しみ、それに対抗する的外れのコーピングに没頭していて、それに捕まえられている。それゆえ、その的外れのコーピングを生み出すもとの〈想い出せない苦しみ〉の訴えには、まず〔共感を示す反復〕を使ってお互いの敵対する緊張を緩め、同時に、「あいつが盗った！」という主張には「Aさんは○○さんが盗ったと思うんですね」と、〔批判的に共感を示す反復〕を返す。そのことでそれまで認知症の人が捕まえられてきた的外れのコーピング（妄想）を言わば無効にして宙に浮く状態に置き、認知症の人がその強引な自己正当化から我に返って自分を取り戻すのを支えるのである。

認知症の人のあらゆる的外れのコーピングはケアできる

　認知症の人に選ばれることと、〔反復〕など援助的コミュニケーションを駆使して認知症の人が的外れのコーピングから覚めて自分をとりもどすのを手伝うこと。これら2つのポイントは認知症の人へのあらゆるケアに適用できる応対の要点である。認知症の「もの盗られ妄想」に対してだけでなく、その他のすべての「周辺症状」（際限のない確認や質問、あるいは徘徊、帰宅願望やもの盗られ妄想・作話など）に、言い換えるとどのような的外れのコーピングにも適用できる応対の考え方であり、あらゆる認知症の人の苦しみを和らげる認知症ケアの基本的な指針である。

　このケアで存在が安定して自分をとりもどした認知症の人は、信頼できる他者の傾聴を通して世界の意味のつながりを再構成する語りを始める。またそうして語ることで自分をとりもどし、自律が回復して新たに生きることができるようになるのである。これが認知症の人のいわゆる「周辺症状」をケアする〈苦しみを和らげる認知症ケア〉である。「もの盗られ妄想」

を認知症の人の体験を分析することで得られたこのケアの考え方と応対は、認知症の人のどのような「周辺症状」と云われる異常な言動や要求にも応対できる認知症ケアの方法論なのである。

事例分析：「もの盗られ妄想」への〈苦しみを和らげる認知症ケア〉

それではこの方法論を用いて、認知症の人の「あいつが盗った」といういわゆる「もの盗られ妄想」に対して〈苦しみを和らげる認知症ケア〉は具体的にどのような応対をするのか？　認知症の人の体験世界とその現れという視点から実際の事例をもとに考えてみたい。

「自分のものがなくなった、盗られた！」と訴える認知症の人と、それを認知症のもの盗られ妄想だとしてその対応に苦慮する介護職員。双方の気がかり（意識の志向性）から、〈苦しみを和らげる認知症ケア〉の応対とその意味を現象学（ここでは記述現象学[13]）の方法で解明してみよう。

ここで分析のサンプルとするのは認知症の人Cさんの「もの盗られ妄想」に対応する介護職員Dの会話記録である。

これは介護の現場でよくみられる認知症の人の「あいつが盗った！」の訴えに介護の職員が対応に苦慮する場面である。ここではこの会話記録に示されている会話の流れに従って、認知症の人Cさんとそれに対応する介護職員Dのそれぞれの言葉とそのときの気がかり（意識の志向性）の相互作用が生む体験を、体験そのものとして分析する記述現象学を用いてそこに現れている認知症の人Cさんの体験と介護職員Dの応対の意味を前述の2つのポイントから明らかにしたい。

13　村田久行編著『記述現象学を学ぶ』川島書店，2017年，p. 16「記述現象学とは臨床現場で表現・表出されたすべての記録や報告、語りなどをその記録、報告、語りを行った当事者と対象の意識の志向性と現れの「記述」として読み解き、そこに顕在化した、あるいは潜在する記述者の意識の志向性とそれに応じて現出する世界と他者と自己の「現れ」からその体験の意味を明らかにし、そのときの行為を意味づけ、言語化する研究方法論である」

> ◆Cさん　もの盗られ妄想の認知症高齢者。グループホームに入所中。
>
> （D：職員　Eさん：別の利用者）
>
> C1：もう…何もなくなった。ほら、もうこの服しかないのよ。（着て
> 　　　いる服を示しながら）
> D1：どうしたんですかねぇ。（また始まった）
> C2：あいつが（別の利用者Eさん）盗ったのよ。昨日も私が寝てい
> 　　　るときにそっと入ってきて盗って行ったの。あいつが出て行く
> 　　　のを私は見たのよ。
> D2：本当に見たんですか。Eさんは、ゆっくり寝ていましたよ。
> C3：だったと思うのよ。…財布も盗って行ったのよ。もう、できな
> 　　　い。何もかもなくなってしまって。
> D3：お金とか大切なものは、ちゃんと金庫で預かっていますし、あ
> 　　　ぁ、洋服は昨日お風呂の後に洗濯して、ちゃんと干しています
> 　　　から。心配ないですよ。
> C4：あぁ、どうすればいいの。あんた、あいつに私の服や財布返す
> 　　　ように言ってくれんか。
> D4：分かりました。わたしから、ちゃんと言っておきますから安心
> 　　　してくださいね。
> C5：……

職員Dと認知症の人Cさんの意識の「ずれ」

　まずこの会話記録を書いたDの掲げる表題に注目したい。「Cさん　も
の盗られ妄想の認知症高齢者。グループホームに入所中」と記述するD
には、Cさんは最初から「もの盗られ妄想」の認知症高齢者として現れている。
DはきっとこれまでのCさんの「もの盗られ妄想」の対応に悩まされてきたに
ちがいない。そんなDにCさんは、（着ている服を示しながら）「もう…
何もなくなった。ほら、もうこの服しかないのよ」と言う。それに対して
Dは、「どうしたんですかねぇ。（また始まった）」と応じているが、Dに
はCさんの「もの盗られ妄想」がまた始まった、困った…という思いが

強く、ここでもし、Dが「なくなっていませんよ。他の服もありますよ」
などと言えば、Cさんが「いや、盗られた！」と言い張ると思い、ここは
とりあえず「どうしたんですかねぇ」とあいまいな返事でこの場をやりす
ごそうとしている場面である。ここに、「もう…何もなくなった。もうこ
の服しかないのよ」と訴えるCさんの実感の世界と、それを（また始ま
った）妄想だとするDの認識との最初の「ずれ」が生じている。これで
は相手に選ばれるわけがない。なぜこのような「ずれ」が生じるのか？

「なくなった」と「忘れた」の違い

Cさんが（着ている服を示しながら）「もう…何もなくなった。ほら、
もうこの服しかないのよ」と言うのは、妄想ではなく実感なのである。認
知症の人は想い出せないことの実感として「もう…何もなくなった」と言
う。認知症の人は「忘れた」とは言わない。この認知症の人の実感（体験）
を職員は「症状」とみて対応するのである。

> C1：もう…何もなくなった。ほら、もうこの服しかないのよ。（着ている
> 　　服を示しながら）
> D1：どうしたんですかねぇ。（また始まった）
> C2：あいつが（別の利用者Eさん）盗ったのよ。昨日も私が寝ていると
> 　　きにそっと入ってきて盗って行ったの。あいつが出て行くのを私は
> 　　見たのよ。

C1の「もう…何もなくなった」は〈想い出せない〉ことによるCさん
の喪失と空虚の実感であろう。Cさんには物事が、もう…何もなくなっ
た、もうこの服しかないと現れている。それに対して、もしDが〈苦し
みを和らげる認知症ケア〉の訓練を受けていれば、このときのCさんの
〈想い出せない〉ことによる喪失と空虚の苦しみに意識を向けてCさんの
言葉を反復し、「Cさん、もう何もなくなったと思うんですね」とか、あ

るいは「もうこの服しかないと思うんですね」と〔批判的に共感を示す反復〕をしてその喪失と空虚の苦しみに共感を示しつつ、Ｃさんの語りを促すことを実践するであろう。その意図は、〔批判的に共感を示す反復〕というスキルを使ってＣさんが苦しみをわかってもらえた！　と実感できることでＤが"味方"として現れるためであり、それとともに、Ｃさんの喪失と空虚の苦しみは実際に「もう何もなくなった」からではなく、ただＣさんが〈想い出せない〉ことでそう思うからなのだと認識できる余地をつくっておくためである。

　さらに、Ｃさんの〈想い出せない〉ことによる喪失と空虚の苦しみは、それへの応対を間違うと（この人はわかってくれない）と思われて、〈わかってくれない〉相手に対する不満と不信と反発から認知症の人は「あいつが盗った」と訴えるコーピングに走る場合がある。それゆえここで〔批判的に共感を示す反復〕を返す意味は、Ｃさんと信頼の関係を築くことで「もう何もなくなった」という喪失と空虚の苦しみに焦点を絞ることである。その結果、話題が「あいつが盗った」と訴える的外れのコーピングに逸れるのを避けることである。

「あいつが盗った」の主張は職員Ｄの応対への反発から生まれた

　しかし実際のＤの答えは「どうしたんですかねぇ。（また始まった）」である。Ｄには、また始まった、…もうＣさんには困ったものだ、どうしよう！　という想いがあり、そこには（痴呆への）微かな蔑みがある。そしてＣさんはその蔑みに反応し反発する。自分は日常生活に必要な知能が欠ける人（痴呆）なんかではない！　といつものように自分の喪失の苦しみ（意味のつながりを失う苦しみ）の原因を他人にこじつける主張をする。それが、「あいつが（別の利用者Ｅさん）盗ったのよ。昨日も私が寝ているときにそっと入ってきて盗って行ったの。あいつが出て行くのを私は見たのよ」である。ＣさんはＤに私を馬鹿にしないで！　私にはちゃんとわかっているのよ。私は悪くない！　私は被害者だ！　と言いたいので

ある。これがこの会話での「もの盗られ妄想」と呼ばれる認知症の人のコーピングの始まりである。つまり、Cさんの「あいつが盗った」の主張には、最初の〈想い出せない苦しみ〉「もう…何もなくなった」を正しく受け取って返してくれないDの的外れの応対への反発があり、それは抗議でもある。Dの応対に含まれる無自覚の蔑みに反発して自分の正当性を主張するコーピングなのである。われわれが認知症の人の体験に視線を向けて、その体験世界から認知症の人の言動を解明すると、このように理解できるのである。

「もの盗られ妄想」への〈認知症ケア〉援助プロセス

　認知症の人の「妄想」に対する〈苦しみを和らげる認知症ケア〉の2つのポイントは、相手に選ばれ、信頼されることと、さまざまな〔反復〕のスキルを駆使して、認知症の人が的外れのコーピング（妄想）から覚めて自分をとりもどすのを手伝うことである。

　この事例の場合も、〈苦しみを和らげる認知症ケア〉は〔批判的に共感を示す反復〕によってCさんの主張が徐々に「あいつが盗った」の断定から「かもしれない」に変わっていくことを予想する。Cさんの主張、「あいつが（別の利用者Eさん）盗ったのよ」に対して、もしDに「CさんはEさんが盗ったと思うんですね」と〔批判的反復〕で返されると、その主張は「そう、あいつが盗ったにちがいない」と変わる。そしてそれをDが落ち着いて「Cさんは、Eさんが盗ったにちがいないと思うんですね」と〔反復〕すると、Cさんは「…あいつが盗ったのかもしれない」とつぶやく。「あいつが盗った」の断定が「かもしれない」に変わっていくのである。…しかしほんとうにこのようなことが起こるのであろうか？　そのとき、CさんとDとの間に何が起こっているのだろうか？

　'ケア'とは、関係性にもとづき、関係の力で苦しみを和らげ、軽くする援助である[14]。この事例の場合の'ケア'の目標は、「あいつが盗ったのよ」が「あいつが盗ったにちがいない」に変わり、それが「あいつが盗

ったのかもしれない」となり、ついには「もうそんなことはどうでもいい。それより、…」と話題が他のことに移ることである。このときの認知症の人の語尾の変化が重要である。それは傾聴するＤと認知症のＣさんとの関係のあり方に相関する。ここから得られる〈苦しみを和らげる認知症ケア〉の援助プロセスとは、介護者の意識の志向性と〔批判的に共感を示す反復〕などの援助的コミュニケーションの意図的な使い方によって認知症の人の不信と猜疑と反発が緩和され、そこに生まれた相互の信頼関係をもとにして緊張がゆるみ、認知症の人は介護者の傾聴に促されて語ることで、不明となり失われていた〈ものごとの意味のつながり〉が回復して世界が再構成され、安心と安定を得て、的外れのコーピングは不要となり消滅するということなのである。これが、不要な的外れのコーピングから離脱して自分をとりもどし、自律を回復する認知症の人の〈苦しみを和らげる認知症ケア〉の援助プロセスである。

事例：〔反復〕で妄想から醒めた！

　ここで最後に、介護者の一貫した〔批判的に共感を示す反復〕の応対で〈妄想〉という的外れコーピングが消滅し、認知症の人が幻覚と妄想から醒めて自分をとりもどし、自律を回復した〈苦しみを和らげる認知症ケア〉の優れた実践事例を紹介したい。

　「そこに男の子が死んでる」、「あんたが犯人だ」と険しい表情で介護職員Ｂを犯人だと決めつける認知症のＡさんが、なぜB9までの〔反復〕の応答で最後に「あ、今何時？」（今は朝の８時半ぐらいですね）「じゃあご飯食べなきゃ。お腹空いた（少し笑顔が見られる）」と態度が一変するのだろう？　この朝の10数分の間でＢが行ったのは「〜なんですね」と「〜と思われるんですね」という〔反復〕のみである。Ａさんのなかで一体何が起こり、何が変化したのか？　そのＡさんの「変化」を、Ａさんにと

14　村田久行『改訂増補　ケアの思想と対人援助』川島書店，2012 年，p.67

ってのBの現れの変化、Aさんの語尾の変化、発言内容の変化から考察してみたい。

◆Aさん。70歳代女性。レビー小体型認知症の方。3週間程前に急性腎盂炎による高熱のため、係りつけ医のクリニックへ入院。1週間前に退院。退院後は以前と様子が変わり、呂律が回らず会話が困難であった。徐々に話すことができるようになってきたが、スタッフとの会話が噛み合わないことが多く見られ、「退院してから少し様子が変わった？」と困惑の報告が増えてきている。Bは夜勤明けで、起床の準備のためAさんの居室へ訪室した。Aさんは既に目を覚ましており、うっすらと目を開けたまま天井を見つめていた。

（Aさん：女性の認知症高齢者　B：介護職員）

B1：Aさん、おはようございます。夜はよく眠れましたか？

A1：あんた誰？　分かった、あんたが犯人だ（険しい表情）

B2：（腰を落とし、ベッドで横になっているAさんと目線を合わせる）
すみません、申し遅れました。私はBと申します（少し待つ）……
Aさん、犯人…というと？

A2：男の子を殺した犯人。そこに男の子が死んでるでしょ（床頭台の後ろに顔を向ける）

B3：私が男の子を殺した犯人だと思われるんですね（少し待つ）
そこに男の子が死んでいる…と思われるんですね（身体はAさんに向けたまま、顔だけ床頭台の方に向ける）

A3：…そう。いや、あんたじゃないかも。とにかくそこに男の子がいるんです。
私目が悪いから…そういうのが見えるんです。

B4：Aさんは目が悪いから、そういうのが見えるんですね。

A4：うん、何日か前から見えるんです…私が犯人にされるかもしれない。

B5：何日か前から見えるようになったんですね（少し待つ）
……Aさんが犯人にされるかもしれないと思われるんですね。

A5：助けて、私もう分からないんです。

B6：Aさんは助けてほしいと思われるんですね（Aさんの右手を軽く握るように触れる）

　　　　（少し待つ）Aさんはもう分からない…と思われるんですね。

A6：ねぇ、私これからどうするの？

B7：Aさんは、これからどうするのかと思われるんですね。

A7：そう。ねぇ、どうすればいいの？　あんた教えて。

B8：Aさんは、どうすればいいのか教えてほしいと思われるんですね。

A8：うん。

B9：Aさんはもう分からないから、これからどうすればいいのかも
　　　分からないんですね。

A9：うん。あ、今何時？

B10：今は朝の8時半ぐらいですね。

A10：じゃあご飯食べなきゃ。お腹空いた（少し笑顔が見られる）

B11：お腹が空いたんですね。それじゃぁ起きる準備をしましょうか。

A11：はい、お願いします。

【Bの振り返り】

　　レビー小体型認知症の典型的な症状として幻覚が見られたが、症状ではなくそれに伴うAさんの苦しみに意識を向けて傾聴をした。これまで見えなかったものが見えるという不安、そして恐怖により混乱しているのが窺え、ゆっくりとした口調を心掛けた。以前であれば私が名前を伝えると「あ、B君か」と想い出すことが出来ていたが、今回は最後までBのことを"あんた"と呼び、想い出せないことから関係性の苦しみがあると考えられ、他者が分からない、自分のことを分かる人がいないという孤独を感じているのではないかとも考えられた。A6で「もう分からない」という発言から後は、症状についての発言が無くなり、Aさんの意識の志向性は「これからどうしたらいいのか」ということに向けられていった。……（後略）

職員Bの現れの変化

　まず、目に見える明らかな変化は、「あんたが犯人だ」（険しい表情）から「お腹空いた」（少し笑顔が見られる）に見られるAさんの態度と表情の変化である。そのAさんの変化をBは、「これまで見えなかったものが見えるという不安、そして恐怖により混乱しているのが窺える」状態が「A5で「助けて、私もう分からない」という発言から後は、症状について

の発言が無くなり、Ａさんの意識の志向性は「これからどうしたらいい
のか」ということに向けられていった」と、不安、恐怖、混乱からＢに
助けを求めるものに変わり、それと同時に、ＡさんにとってＢは「どう
すればいいの？　あんた教えて」と自分のすべきことを教えてくれる人と
して現れていると記録している。つまり変化したのはＡさんにとっての
Ｂの現れである。そのＢの現れは、「あんたが犯人だ」との犯人扱いから、
不安、そして恐怖により混乱しているＡさんを心配してくれる人に変わ
り、さらに「助けて、私もう分からない」と助けを求める相手へと変化し、
最後は「どうすればいいの？　あんた教えて」と、自分のすべきことを教
えてくれる人に変化していったのである。言い換えると、Ａさんとの
関係は、わずか10数分で猜疑と敵視の関係から信頼と安心の関係に変化
したのである。その結果、Ａさんは幻覚に対する猜疑と敵視の妄想という
コーピングが不要となり、自分を気づかい聴いてくれるＢへの信頼と安
心の関係にもとづいて我に返り、自律を回復したのである。

語尾の変化

　この場合のＡさんの幻覚ではありもしないものが見えて、それが何か
怖いものに見えて（男の子が死んでいると現れて）いるのである。そして
Ａさんはそれを誰かが殺したのだと考え、夜勤明けで起床の準備のために
居室を訪ねたＢを、その男の子を殺した犯人だと主張している。これは
レビー小体型認知症のＡさんが幻覚で現れた不明なものに〈意味のつな
がり〉を求める妄想であって、Ａさんはこの妄想によって仮の世界を構成
して不明なものに意味づけをし、仮の安定を保つコーピングをしている。
　それに対してＢは否定もせず、同調もしないでひたすら「～なんです
ね」、「Ａさんは～と思われるんですね」という〔反復〕で応えている。そ
の結果、Ａさんの言葉の語尾は、「あんたが犯人だ」「男の子を殺した犯人。
そこに男の子が死んでるでしょ」という断定から、「いや、あんたじゃな
いかも。とにかくそこに男の子がいるんです」と断定が揺らぎ、「私目が

悪いから…そういうのが見えるんです」と、断定の事実が現象（見える）に変化し、「何日か前から見えるんです…私が犯人にされるかもしれない」と、Ｂが犯人だという断定が「私が犯人にされるかもしれない」と妄想が揺らいで、妄想を構図そのものから疑い始めている。このとき「断定」が「断定が揺らぎ」となり、「断定の事実が現象に変化し」、「妄想が揺らいで」、「妄想を構図そのものから疑い始める」のはなぜか？　なぜ、Ｂの「Ａさんは～と思われるんですね」の〔反復〕によってＡさんの妄想という的外れのコーピングが揺らぎ、仮の世界の再構成が成立しなくなってしまうのか。そしてついには「助けて、私もう分からないんです」という悲鳴に近い叫びとなるのだろうか。その問いに答える鍵はＢの「Ａさんは～と思われるんですね」という〔批判的に共感を示す反復〕の応答にある。

　〔批判的に共感を示す反復〕とは、ただ共感を示す〔反復〕（～なんですね）とは異なる。認知症の人の断定や主張が妄想であったり虚偽と思えるとき、それを頭から否定したり、逆に同調したりすることはその妄想をさらに強めることはすでに述べた。この会話の場合、Ａさんの断定や主張に距離をおきつつ、「Ａさんは～と思われるんですね」と批判的に共感を示す〔反復〕は、不明なものに意味のつながりを求めるＡさんの妄想、つまりＡさんの世界を再構成して仮の安定を保つコーピングに共感を示しつつ、「Ａさ・んは～と思われるんですね（ほんとうにそうでしょうか？　私にはそうは思えませんが）」と問いなおしているのである。その結果、Ａさんは「断定が揺らぎ」、「断定の事実が現象に変化し」、「妄想が揺らいで」、「妄想を構図そのものから疑い始める」のである。

　しかしここで重要なことは、〔批判的に共感を示す反復〕は、誰がやっても認知症の人の妄想を揺るがし、認知症の人が妄想を構図そのものから疑い始めるとはかぎらないということである。そこにはＡさんとの援助の関係、信頼の関係が成立していなければならない。つまり、そのときＢが「症状ではなくそれに伴うＡさんの苦しみに意識を向けて傾聴した」ことが重要であり、そこで成立したＡさんとの信頼関係が〔批判的に共感を示す反復〕の効果の前提なのである。このことが根本的に重要である。

発言内容の変化

この信頼の関係にもとづくBの「Aさんは〜と思われるんですね」という批判的に共感を示す〔反復〕の結果、Aさんの妄想は揺らぎ、仮の安定を保っていたAさんは再び〈ものごとの意味のつながり〉を失い、認知症の不明と混乱、不安と緊張に突き落とされる。「ねぇ、私これからどうするの？」(A6)、「ねぇ、どうすればいいの？ あんた教えて」(A7)は、Aさんの世界が再構成されない不安定のなかでの不安の訴えなのである。

そこで再びBはこのAさんの不明と混乱、不安と緊張の問いかけにも、「Aさんは、これからどうするのかと思われるんですね」、「Aさんは、どうすればいいのか教えてほしいと思われるんですね」と、Aさんの問いに答えるのではなく、Aさんの問いかけそのものに対して〔批判的に共感を示す反復〕で応答する。しかしこの場合の〔反復〕は、「Aさん、大丈夫。Aさんにはどうすればいいかはわかるでしょう」とBの意識の志向性はAさんの自律に向けられている。そこには、Aさんは自分で判断できるという信頼が示されているのである。その結果が「うん。あ、今何時？」（今は朝の8時半ぐらいですね）「じゃあご飯食べなきゃ。お腹空いた（少し笑顔が見られる）」である。自分をとりもどしたAさんの意識はBとの信頼を支えに将来に向けられ、それが「じゃあご飯食べなきゃ」と自分のするべきことを想い出したのである。

このときAさんの体験世界のなかで一体何が起こり、どのような変化が生まれたのか？ それは、〈妄想〉という的外れのコーピングがBの〔批判的に共感を示す反復〕によって揺らぎ、そこでいちど失われたAさんの〈ものごとの意味のつながり〉は、Bとの信頼関係（関係性）のもとでこれから為すべきこと（時間性）を見出し、「じゃあご飯食べなきゃ」と意欲（自律性）を示せたことで、関係と時間と自律において再び〈ものごとの意味のつながり〉が回復してAさんの世界は再構成されたということである。その結果、〈妄想〉という的外れのコーピングは不要となった。このときの「的外れのコーピングは不要となった」が重要である。

認知症の人にとっての世界の再構成

〈生きる意味〉という次元から考えると、認知症の人の苦しみとは世界を構成できない苦しみである。日常のわれわれの世界は〈ものごとの意味のつながり〉で構成されている。しかし認知症の人は体験したことを〈想い出せない〉ことからその〈ものごとの意味のつながり〉が失われ、その結果、世界を〈意味のつながり〉として構成できないのである。それゆえ認知症の人は常に不安定で不確実、何ごとにも確信をもてない不安と緊張に満ちた世界を生きている。

われわれの生きている日常世界は時間、場所、他人、自分自身、言葉という自明のものがそれぞれ意味のつながりをもって認識されて成立している。それは、われわれの生きる世界は時間（過去・現在・将来）、関係（他者や世界との関係）、自律（自分であること）の3次元でそれぞれが意味のつながりをもって構成されているということである。このことは終末期がん患者のスピリチュアルペイン（生きることの無意味）とケアの研究からも解明されている[15]。

しかし認知症の人は日常の個々の体験の一部が、あるいは体験そのものが丸ごと〈想い出せない〉ことから時間や場所や他人や自分自身を、そしてまた直前に見聞きした事物や言葉の意味も想い出せず、それまで自明であった日常のものごとの〈意味のつながり〉が失われて、世界が不確かな不明のものとして現れる。それは過去・現在・将来という時間のつながりを失う時間性の苦しみであり、場所や他人を想い出せない、それらの自分との関係を認識できない関係性の苦しみであり、自分の意思をうまく言葉で表現できないので思念と行動がつながらない自律性の苦しみである。認知症の人の苦しみはこれら日常の個々の場面で、時間性・関係性・自律性において〈ものごとの意味のつながり〉が失われ世界を構成できない不明

15　村田久行『終末期がん患者のスピリチュアルペインとそのケア―アセスメントとケアのための概念的枠組みの構築』緩和医療学 5 (2)，2003 年，pp.61-69.

と不安定の苦しみなのである。そしてその不明と不安定、不安と緊張から逃れようと〈ものごとの意味のつながり〉を求めて必死のコーピングを試みるが、それがことごとく的外れであるため〈意味のつながり〉は回復せず、かえってその言動は周りから異常なもの、問題行動と見られて認知症の「周辺症状」として扱われる。しかしこの「周辺症状」とされる認知症の人の必死のコーピングは異常な問題行動などではなく、失われた〈ものごとの意味のつながり〉の回復を求める世界の再構成の試みなのである。そしてこの認知症の人の的外れのコーピングが認知症の人と周りの介護者に苦しみを生んでいるのである。それゆえ、〈苦しみを和らげる認知症ケア〉にとって、この「的外れのコーピングは不要となった」が重要となる。認知症の人に対して「的外れのコーピングが不要となる」ケアが〈苦しみを和らげる認知症ケア〉の目標となるからである。

世界の再構成：終末期がん患者と認知症の人との比較

　終末期がん患者の苦しみは、〈生きる意味〉という次元からは自己の存在と意味の消滅から生じる苦痛である[15]。それは、自己の死を想うと将来の喪失が現在の無意味を生むという時間性の苦しみであり、親しい人との別れ、独りで死んでいかなければならない孤独という関係性の苦しみであり、病状の進行に伴う身体の衰えと人の世話になり管理されることで思い知る自己の無能と無価値という自律性の苦しみである。これらは健康なときは普通に自明のものであった将来と他者と自律を失う苦しみであり、それに対するケアとは、それまでの日常を構成していた時間性・関係性・自律性から自己の存在と意味を問いかけ、その存在の枠組みの変更を迫る〈世界の再構成〉の作業である。もちろんこの終末期がん患者の〈世界の再構成〉もまた大きな苦しみを伴い、失敗すれば患者は無意味と無価値と

15　村田久行『終末期がん患者のスピリチュアルペインとそのケア―アセスメントとケアのための概念的枠組みの構築』緩和医療学 5 (2)，2003 年，pp. 61-69.

空虚と孤独の苦悩のうちに死を迎えることになる。しかし終末期がん患者にはものごとを〈想い出せない苦しみ〉は存在しない。記憶力と想起の力は保たれている。そしてひとたび自分自身の将来と他者と自律に新たな意味づけをする枠組みの変更、〈世界の再構成〉に成功すると、患者はそこから再び自己の存在と意味を回復して新たな世界を生きることが可能になるのである。

　ところが認知症の人の場合は〈世界の再構成〉という作業には際限がない。体験の一部を〈想い出せない〉ことから失われた〈ものごとの意味のつながり〉は、たとえ〈苦しみを和らげる認知症ケア〉によって一時的に回復したとしても、次の日にはそれを〈想い出せない〉ということがある。その結果、いちど再構成された世界も失われ、もしそのとき、認知症の人のこの世界を構成できない苦しみを分かって認知症の人を支える援助者がいなければ、認知症の人は再び世界を構成できない不安定と何ごとも不確定で確信をもてない不安、緊張に満ちた日々を生きることになるであろう。

完了しない〈世界の再構成〉と〈苦しみを和らげる認知症ケア〉

　認知症の人の完了しない〈世界の再構成〉に対して〈苦しみを和らげる認知症ケア〉が提供できるのは安心と安定と自律である。たとえ認知症で〈想い出せない〉ことが増えて時間の幅が狭くなり、関係の範囲が小さくなったとしても、常に信頼できる他者との関係で安心と安定と自律が保たれていれば、〈ものごとの意味のつながり〉は日々更新されて想い出せないことによる〈苦しみ〉はなく、的外れのコーピングも不要となって認知症の人の自己の存在と意味は常に保たれ回復するのである。

　それは、対人援助論にもとづく意識の志向性と多様な援助的コミュニケーションを使うことで得られる苦しみをわかってもらえた！　という安心であり、そこで形成された信頼の関係にもとづいた安定であり、認知症の人の〈世界の再構成〉の更新を支える自律である。この〈苦しみを和らげる認知症ケア〉の安心と安定と自律のもとで、認知症の人はたとえ〈想い

出せない〉ことがあっても的外れのコーピングに走ることなく、自己の存在と意味の回復を図ることができるのである。

　絶え間ない〈世界の再構成〉の更新とは、程度の差はあるにしても日常のわれわれも日々経験している。例えば、親しい人との死別、家族の喪失や離反、仕事の失敗や計画の挫折など、そのときわれわれに迫られるのは〈世界の再構成〉であり、その更新の苦しみを乗り越えて〈世界の再構成〉ができるのは苦しみをわかって聴いてくれる他者の支えがあるからである。そしてそれにもとづいて得られるのが存在と意味の安定であるということは、認知症の人の場合と何ら変わることはないのである。

　日々〈ものごとの意味のつながり〉が失われ、不安定で確信を持てない不安な生活になっていく認知症の人には、〈想い出せない苦しみ〉をわかって聴いてくれる他者が必要である。日常の失われた〈ものごとの意味のつながり〉を求めて常に的外れのコーピングに没頭専心している認知症の人には〈苦しみを和らげる認知症ケア〉が提供できる他者が必要である。そしてそのケアで得られるのは真に寛げる安心と安定であり、自分をとりもどす自律の喜びなのである。

［引用文献］
1 本書：序章
2 村田久行『改訂増補 ケアの思想と対人援助』川島書店，2012年，p.43
3 新明解国語辞典 第八版，三省堂，2020年，「自明」の項
4 同上書，「不明」の項
5 クリスティーン・ボーデン『私は誰になっていくの？』かもがわ出版，2003年，p.91
6 新明解国語辞典 第八版，三省堂，2020年，「孤立」の項
7 同上書，「孤独」の項
8 本書第6章：「2004年厚生労働省の用語検討会によって「痴呆」は「認知症」という言葉に統一された」
9 新明解国語辞典 第八版，三省堂，2020年，「痴呆」の項
10 山口晴保『BPSDの定義、その症状と発症要因』認知症ケア研究誌 2，2018年，p.3
11 矢口久美：日本看護協会編『認知症ケアガイドブック』2016年，p.92
12 新明解国語辞典 第八版，三省堂，2020年，「不安定」の項
13 村田久行編著『記述現象学を学ぶ』川島書店，2017年，p.16「記述現象学とは臨床現場で表現・表出されたすべての記録や報告、語りなどをその記録、報告、語りを行った当事者と対象の意識の志向性と現れの「記述」として読み解き、そこに顕在化した、あるいは潜在する記述者の意識の志向性とそれに応じて現出する世界と他者と自己の「現れ」からその体験の意味を明らかにし、そのときの行為を意味づけ、言語化する研究方法論である」
14 村田久行『改訂増補 ケアの思想と対人援助』川島書店，2012年，p.67
15 村田久行『終末期がん患者のスピリチュアルペインとそのケア－アセスメントとケアのための概念的枠組みの構築』緩和医療学 5 (2)，2003年，pp.61-69

第 6 章
認知症の人はどのように扱われ、見られてきたか
：研究の過去と現在

はじめに

　わが国は現在、超高齢社会の到達と共に認知症を患う人も急増し、メディア社会においても認知症に関する話題を頻繁に目にする。その話題の内容は認知症ケアの現場の介護疲労や困難が取り上げられることも少なくない。しかしそもそも当の認知症の人はこれまでどのように扱われ、見られてきたのであろうか。この第7章では認知症の人がこれまで研究者にどのように見られ、研究の対象として扱われてきたのか、既存の論文を題材に解説する。

痴呆性老人：認知症ケアが研究されるまで

　高齢者の健康と生活の安定を保証する老人福祉法（1963年制定）以降、認知症に関する研究は「痴呆」に対する症例報告を始めとした病態や診断、治療など医学研究が主であった。認知症看護や介護に関する研究はまだ創設期で、「「呆け老人」に関する文献的考察[1]」など、看護学の指導的立場

1　井上弘子・土屋尚義・金井和子・吉田伸子・中島紀恵子『「呆け老人」に関する文献的考察』日本看護研究学会雑誌 6 (3), 1983年, pp.63-72

の人による医学的な解説や方向づけがなされていたにすぎない。その状況で 1986 年には高齢者介護問題への戦略として「長寿社会対策大綱」が閣議決定され、同年 8 月に「痴呆性老人対策推進本部」が厚生省に設置された。これにより「痴呆」を定義し、その原因究明と治療方法の追求、発生予防を目的とした研究の推進や、介護支援方策の拡充（デイサービス事業など在宅介護施設の普及や促進）、専門治療病棟の整備、専門的知識や技術実習、「痴呆性老人」に対する偏見や誤解のない地域社会を創るための啓発普及活動が指針[2]にあげられた。この頃、「痴呆の人」の介護は家族が担っていたのだが、家族による介護が困難になると「痴呆の人」は精神科病院に入院させられることが多かった[3]。「痴呆」への対処方法はまったく手探りの状態で、「痴呆性老人」は寝たきりの人よりも介護負担が大きいとされ、特にその問題行動への対処はひもや拘束衣による身体拘束と投薬による鎮静が主であった。部屋はベッドと床頭台だけで他には何もない環境を提供することが一般的な対応とされていた[4]。「痴呆の人」は介護者から一方的に注意され、行動を制止し管理される対応がなされていたのである[5]。このような管理と抑制を主とする介護の現場を背景に、認知症の人は「痴呆性老人」と見られていたのである。

問題行動の人：痴呆の人の言動を「問題行動」とした

「認知症」という定義がなく「痴呆」や「ぼけ」という言葉で表現されていた 1960 年〜 1970 年代では、そのケアに関する文献数は非常に少ない。1963 年〜 1969 年では 0 件、1970 年〜 1979 年は 20 件である。しか

---

2 痴呆性老人対策推進本部事務局編『これからの痴呆性老人対策：第 1 章痴呆性老人対策推進本部報告（1987 年 8 月 26 日）』中央法規出版，東京，1988 年
3 堀内ふき『改定 4 版・認知症ケアの実際 I 』日本認知症ケア学会編，第 1 章認知症ケアの原則と方向性：総論，ワードプランニング，東京，2016 年，pp.3-13
4 加藤伸司『認知症ケアはここまで進んだ』日本老年精神医学誌 19 (6)，2008 年，pp.629-635
5 五島シズ『痴呆・老年看護の実際』Geriatric Medicine 15，1977 年，pp.1161-1162

し1980年〜1989年では369件と痴呆性老人のケアに関する研究は急増している。これは日本国内における高齢者数の急増と社会のニーズ、それと「痴呆性老人対策推進本部」が厚生省に設置されたことの反映であり、痴呆性老人のケアの研究は国の施策と共に展開されていった[6]。

　1970年代の研究では、辺田[7]は高齢骨折患者の約半数が「痴呆」を合併するとし、例えば夜間せん妄や安静保持が守れないなどの治療の妨げとなる問題行動には、患者の「肉体的・精神心理的ニードの充足を図ることが重要」と述べている。鈴木ら[8]は、痴呆患者とコミュニケーションが取れないと身体症状コントロールに弊害をきたし、治療や処置への理解が得られない困難を明らかにした。その対応として、「抑制帯の使用はかえって患者を興奮させるため、理解力が低下した患者でも説明を繰り返し認識させること、患者が何を訴えたいのかをカンファレンスで検討することが必要」と報告している。また斎藤[9]は、コミュニケーションの困難な高齢痴呆患者の看護実践を振り返って、「痴呆状態がみられた患者のベッドサイドでは必ず話しかけスキンシップをはかることや、リハビリの進捗を認め励ます精神的な働きかけが重要」であるとし、「老人に対しては看護行為の根底に愛情をもって接し、人格を認め、支持することが回復への意欲につながる」と「痴呆の人」に人格として働きかけることの重要性を伝えている。このように1970年代には「痴呆の人」を「問題行動の人」と認識する一方、「痴呆症状」のコミュニケーション障害による主疾患の治療への弊害や、日常生活のニーズと支援方法が、話しかけ、スキンシップをはかること、リハビリの進捗を認め励ます精神的な働きかけや痴呆性老人にも愛情をもって接し、人格を認め、支持するという看護実践の検討がされ

6　小野寺敦志『認知症ケア研究の現況と今後の可能性』日本認知症ケア学会誌　16（3），2017年，pp.591-598

7　田津矢子『老年痴呆患者の看護 - 老年骨折患者を中心として』共済医報 25（1），1976年，pp.76-79

8　鈴木桂子、伊関直美『うっ血性心不全で入院した老年期痴呆患者の看護』臨床看護 4（14），1978年，pp.71-77

9　斉藤令子『老年性痴呆患者の看護にあたって』民医連医 42，1975年，pp.68-69

始めている。

　しかしこれが1980年代になると研究数が急増し、「痴呆患者」の治療遂行を目指す看護や、「痴呆」の症状改善を目指した介入方法[10]、在宅家族介護者の介護負担研究[11]、攻撃行動や徘徊、拒食、拒否などいわゆる「問題行動」に焦点を当てた事例研究[12]が積み重ねられていったのである。

　ここで注目したいのは、1980年代からは研究者は「痴呆の人」を「問題のある患者」として捉え、その異常行動や問題行動を改善し、解決することにケアの目的が置かれてきたことである。その目的のために、患者のニードを充足する日常生活介護が痴呆性老人のケアとして実践されている。その際のケアの目的はこれらの問題行動を分析することによって、現場で起こりうる危険を回避する安全管理対策をはかること、支障のない介護業務を行うことであったのである。つまり「痴呆老人は一般の高齢者に比較して行動が遅く、日常生活動作が行えなくなり、さらに言語での意思疎通が困難で、興奮・不穏行動・せん妄など精神症状により対応困難なことが多く、痴呆老人の行動は問題行動」として捉えられていた[13]。その結果、家族介護者がノイローゼになったり、病院では他患者とのトラブルになるなど施設での対応が難しく、「老年期痴呆患者」は現場のスタッフから敬遠されたというのである。

　このように、痴呆性老人のケアの研究が始まった当初からその介護の主題は「問題行動」であり、痴呆老人の患者は「問題行動の人」であった。そしてその問題の解決策を探ることで「安全管理」や「業務の効率化」が目指されていったのである。このことは1980年代から2010年代に至るま

10　斎藤正彦・荻野忠・金子嗣郎『東京都世田谷区における在宅痴呆老人調査 – 在宅介護を困難にする要因に関する研究 –』臨床精神医学 18 (9)，1989年，pp. 1433-1442

11　流石ゆり子『呆け老人介護者の介護行動の要因に関する検討』公衆衛生情報 17 (12)，1987年，pp. 18-27

12　伊佐マル・石綿文『痴呆老人の拒食と失禁』Geriatric Medicine 23，1985年，pp. 900-906

13　室伏君士『病院における老年期痴呆患者の処遇』Geriatric Medicine 24，1986年，pp. 192-196

で、痴呆症や認知症に対する医療現場の考え方は一貫して変わらず、治療を妨げる問題行動を抑え、安全管理を徹底することで業務のスムーズな遂行を図るということは今も認知症高齢患者に対するケアの主な目的として捉えられている[14]のである。

「痴呆」から「認知症」へ

2004年、厚生労働省の用語検討会によって「痴呆」は「認知症」という語に統一された。この変更は、「痴呆」という言葉には「頭の働きが鈍い」また「劣っている」という意味が含まれ、人格を侮辱し、尊厳に対する配慮を欠いた表現であること、さらに「痴呆」という表現は病気としての実態を正確に表さず、患者や家族にとって痴呆は「恥ずかしい」「怖い」と認識されがちで、早期発見や早期受診の妨げになることが危惧されたためである[15]。そのため、「痴呆」という語を用いることでの侮辱や差別をなくすための行政用語として「認知症」という言葉が用いられるようになった。具体的な定義として、認知症とは「一度正常に発達した認知機能が後天的な脳の障害によって持続性に低下し、日常生活や社会生活に支障を来すようになった状態」[16]と定義づけられる。したがって「認知症」は認知機能の障害であり、人格を表すものではなく、それは症状を意味する。認知症の人は「認知症」という認知機能の障害、症状をもつ人と認識されることになったのである。

2004年は認知症ケアにとって大きな転換の年である。この2004年の用語変更は、しかしながらその後の認知症ケアを「人格の尊重」にではなく

14　長谷川小百合・小木曽加奈子・今井七重『治療が必要な認知症高齢患者をケアする一般病院看護師が感じる困難』日本看護学会論文集：慢性期看護　49, 2019年、pp. 287-290

15　厚生労働省「痴呆」に替わる用語に関する検討会報告書（2004）.
　　https://www.mhlw.go.jp/shingi/2004/12/s1224-17.html

16　中島健二『認知症とは？認知症はなぜ起こるのか？』臨牀と研究　91 (7), 2014年、pp. 863-865

「症状対応」を中心とした介護へと方向づけることになる。認知症の人を「人」として見るのではなく、「症状」として把握するケアである。このケアの考え方は現在も現場では一貫している。介護現場では認知症高齢者の被害妄想や介護拒否、帰宅願望などの「症状」の対応に苦慮し、介護者の精神的負担も大きいとされている。介護担当者にとってこれらの「症状」は治療や業務が円滑に進まないケアが困難な事象として取り上げられ[17]、担当者はそれに陰性感情を抱きやすい[18]といわれているのである。

研究者は認知症状の問題行動を解決しようとする

　この状況に対して、認知症の業務を妨げる問題行動を解決しようとする研究は認知症の人の攻撃行動を観察してその人の生活背景からその行動に至る理由を推測したり、徘徊や拒食、失禁など問題行動を評価し、問題行動を予防する試み、リハビリや音楽療法によって問題行動から気がそれるような関わりの研究をしている[19, 20]。研究者は認知症状の問題行動を解決しようとしているのである。いずれも症状が落ち着くための関わり方や、症状の悪化を防ぐ関わり方を模索し、介護業務が効果的で効率よく行える方法の開発が目的とされてきた。しかしこれらの研究において認知症の人の言動が正常から逸脱した「問題のある行動」として扱われ、介入困難な状態として取り上げられ、それが「業務の遂行を妨げる問題行動」として認識されることは今も昔も大差はない。しかもたとえ用語が「痴呆」から

17　長谷川小百合・小木曽加奈子・今井七重『治療が必要な認知症高齢患者をケアする一般病院看護師が感じる困難』日本看護学会論文集：慢性期看護　49, 2019年, pp.287-290

18　千葉一照・山村君枝『認知症患者に対する看護師の感情労働　看護師の陰性感情に焦点をあてて』日本精神科看護学術集会誌　56 (1), 2013年, pp.104-105

19　野口代・山中克夫『介護施設・病院における日中の活動が認知症の行動・心理症状（BPSD）に及ぼす効果わが国で行われた研究の質的システマティック・レビュー』老年精神医学雑誌　28 (12), 2017年, pp.1387-1398

20　小池彩乃・内田陽子『認知症の行動・心理症状（BPSD）をもつ高齢患者に対する共鳴型マッサージ手浴の効果』日本認知症ケア学会誌　18 (3), 2019年, pp.661-669

「認知症」に変更されたとしても、現在も認知症の人は現場でも研究においても問題のある行動をする人、しいては業務を妨げる問題行動の人と捉えられていることに変わりはない。そしてその「業務を妨げる問題行動の人」への〈ケア〉の方法は、幾多の研究が重ねられても未だ明確には存在しないのである。

「問題行動」から「認知症の行動・心理症状」へ：BPSD

　問題行動とは、介護者から認知症の人を捉えた時に、介護拒否や攻撃などの状態が介護を遂行できない問題となることから用いられた言葉である[21]。つまり、それらが誰にとっての問題かというと、介護拒否や攻撃などはそれ自体としては認知症の人自身にとって問題ではなく、介護者にとって問題なのである。この介護する側の主観的認識から捉える「問題行動」という表現そのものを疑問視し、1996年に国際老年精神医学会はこれを「症状」という医学用語を用いて客観的に「同年齢の健常者には通常みられない異常な状態」と捉え直し、その「普通の人ならやらない行動」「文化的に不釣り合いな行動」「社会のルールを逸脱する行動」をBPSD（認知症の行動・心理症状 behavioral and psychological symptoms of dementia）と定義した[22]。その後、BPSDを治め、それを予防・回避するためにBPSDが生じる直前の出来事や原因となる背景因子の探究、BPSDの解決につなげる評価指標の開発など、さまざまな研究がなされている[23]。すなわち、認知症の人を「業務を妨げる問題行動の人」と捉えることから「BPSDという症状をもつ人」に視点を変え、BPSDの予防や早期解決が認知症ケア研究の目的となっていったのである。

21　湯浅美千代・小野幸子・野口美和子『老人痴呆患者の問題行動に対処する方法』千葉大学看護学部紀要 23, 2001 年, pp.39-45
22　山口晴保『BPSD の定義、その症状と発症要因』認知症ケア研究誌 2, 2018 年, pp.1-16
23　佐久間美里・渕田英津『認知症高齢者の行動・心理症状に関する国内外の研究動向』日本認知症ケア学会誌 18 (3), 2019 年, pp.639-650

BPSD の予防や早期解決と介護者の負担軽減の研究

　認知症の人の問題行動やBPSDを取り扱った研究は、1990年以降数多く見られ、それらは初期の問題行動の出現とその対応[24]、薬物療法の効果[25]の研究から、2010年代には回想法や園芸療法など非薬物療法の実践と効果を検証する介入研究[26]へと変化し、最近では認知症の中核症状・身体的状態・環境要因がBPSD出現にどのように関連するのかの因果関係からBPSDの重症度を検討したもの[27]など、BPSD出現リスクの早期診断や発生メカニズムの解明が研究の目的とされている。しかしそれらの研究の目的を点検してみると、論文には症状改善による本人のQOL向上という目的も挙げられているが、現実の介護現場ではこれらの研究によってBPSDをいかに早期にキャッチし対処するか、またその発生を予防することでBPSDに対応する介護者の負担をいかに軽減するかが目的であるように思えるのである。

　認知症の人の行動の何を問題と捉え、どう対処するかは施設の機能や管理方針によって異なる。それはまた、介護者個人の能力や現場の人員不足による業務の煩雑化が原因[28]ともいわれる。しかし以前は問題行動と認識されていた認知症の人の逸脱行動や心理が、たとえ今はBPSD（認知症の行動・心理症状）とされたとしても、人員不足が深刻化する介護現場では複雑化する業務を効率よく管理し、より質の高い介護サービスを提供することが優先され、この「症状」の発生が業務を妨げる問題因子として認

24　野口美和子・湯浅美千代・今村美葉他『老人病院における痴呆患者の問題行動についての看護婦のとらえ方』千葉大学看護学部紀要 20, 1998年, pp.101-106
25　鳥羽研二『アルツハイマー認知症にみられる精神・行動障害（問題行動）への対応 抑肝散の位置づけ』Geriatric Medicine (0387-1088) 46 (3), 2008年, pp.229-234
26　窪優太・竹田徳則『わが国における認知症の行動・心理症状（BPSD）に対する非薬物療法の現状と課題』日本認知症ケア学会誌 16 (2), 2017年, pp.484-497
27　今井幸充・半田幸子『認知症の行動・心理症状（BPSD）の因果関係とBPSDの重症度との関連』老年精神医学雑誌 29 (9), 2018年, pp.975-989
28　大谷明弘・林典生『認知症に伴う介護施設利用者の行動・心理症状（BPSD）の背景因子の推定に関する文献研究』最新社会福祉学研究 13, 2019年, pp.15-28

識され、それらの「症状」をいかに早期に治め、予防することが求められている。つまり、現実に現場では認知症の人を「業務を妨げる問題行動の人」と捉える見方であることに変わりはないのである。

パーソン・センタード・ケア（PCC）

　認知症の「問題行動」の解決と管理から、BPSDという「症状をもつ人」に視点が変わる時期は認知症ケアのパーソン・センタード・ケアへの転換期（1990年〜2010年）でもある。介護保険制度の導入（2000年）や、認知症当事者の声の発信からケアの在り方が見直され、「痴呆」が「認知症」という言葉に統一された2004年に、認知症の人を「症状」ではなく一人の人としてその人の視点に立って捉えようとするパーソン・センタード・ケア（以下PCC）が認知症ケアの基本理念として介護の教育・指導に導入された[29]。このことは認知症ケアの現場と教育において認知症の人に対する見方に大きな変化と影響を与えることになった。このPCCの理念の導入によって「ケアをする側の都合」ではなく、「ケアを受ける人」の立場から考えるという視点が認知症ケアにおいて初めて重要とされ、認知症の人を「業務を妨げる問題行動の人」や問題行動をするBPSDの人ではなく「人として在るために必要なニーズをもつ人」と捉える見方がされるようになったのである。

　PCCは英国ブラッドフォード大学のトム・キットウッドによって提唱された認知症ケアの理念である。それは、認知症の人の「人や社会とのつながりのなかで、周囲から一人ひとりに与えられる立場や尊敬の念、共感、思いやり、信頼」を維持、向上させるケアと言われている[30]。すなわち、認知症の人がその人を取り巻く人々や社会と関わり、周囲に"人"として

29　水野裕『パーソン・センタード・ケアの考えに基づいたアセスメントとは』痴呆介護　5 (1), 2004年, pp.25-31

30　水野裕『Quality of Care をどう考えるか』老年精神医学雑誌 15 (12), 2004年, pp.1384-1391

受け入れられ、自分は尊重されていると実感できるようにサポートされるケアであり、認知症の人が自ら自分で満たすことができないとされる「人が人としてあり続けるために最低限必要なニーズ（"くつろぎ（Comfort）"、"共にあること（Inclusion）"、"自分が自分であること（Identity）"、"たずさわること（Occupation）"、"結びつき（Attachment）"）がより一層満たされる状態を目指すこと」がPCCの理念[31]である。これらのニーズが満たされるためには、認知症の人の不可解な言動を"問題行動"として捉えるのではなく"認知症の人の感情の表現や何かを伝えたい様子"として捉えることが必要なのであるという。

PCC理念と現場との乖離

　2004年に導入されたPCCの目的は、認知症の人が人として尊重され、人としてあり続けるために必要なニーズに応えることである。これらのニーズが満たされるには、認知症の人の怒りや不安、落ち着きのなさなど、BPSDとして現れる感情に注目し、それを何かを伝えたい様子としてアセスメントして、その「人としてあり続けるために必要なニーズ」を満たすための介入がなされる。すなわち、PCCは認知症高齢者がその人らしくあるために何を言いたいのかのニーズに着目した介入で、これは認知症ケアの「介護者の視点」から「ケアを受ける本人の視点」への転換を意味する。その理論的な前提として、認知症の人はニーズが満たされると怒りや不安、落ち着きのなさなどBPSDとして現れる感情が収まると見られるのである。このPCC導入の結果として、これまで介護者を中心に展開されていた認知症ケアは認知症その人を中心に考えたケアへの介護の質の転換が目指されたのである。

　しかし認知症の人の不可解な言動を"認知症の人の感情の表現や何かを

31　鈴木みずえ『急性期医療における看護実践に活かすためのパーソン・センタード・ケアの理念と実践』看護 64 (10)，2012年，pp.60-63

伝えたい様子"として捉えるとは、実際どのように可能なのか？　この実際的な疑問は解かれることなく現場はPCCの新しい理念を導入していく。ところが認知症の人に現れるBPSD症状は一人ひとりすべて異なるため、多彩なBPSDに対していつでも誰にでも同様の効果を発揮する確かなケアの方法は、認知症ケアの研究が始まった1970年代から今に至るまで未解決の課題のままである。その結果、認知症の人の名称が「痴呆」から「認知症」に変わり、認知症の人を問題行動をするBPSDの人ではなく「人として在るために必要なニーズをもつ人」と捉える見方がされるPCCの理念が現場に導入された後も、現場が認知症の周辺症状と問題行動に振り回される状態は変わることはなく、症状対応に追われる現場は認知症の人を「業務を妨げる症状をもつ人」と捉える見方を変えることはなかった。その結果、PCC理念を実践に移す確かなケアの方法をもたない現場の実情との乖離がかえって現場の介護者を苦しめることにもなったのである。

「介護者の視点」から「ケアを受ける本人の視点」への転換

　PCCの理念が現場に導入されたのと同時期に、認知症ケア研究が革新的に変化した。それは、認知症の人本人の体験の語りが研究で取り扱われるようになったことである。これは、クリスティーン・ボーデンの手記[32]や講演をはじめとして、日本国内でも認知症の人同士が互いの体験を公の場で語り合う（国際アルツハイマー病協会第20回国際会議京都2004）など、認知症の人本人の発言が注目されるようになったことや、2000年に施行された介護保険制度による〈契約に基づいたサービス給付〉により、認知症ケアの内容と質が問われ始めたことが影響していると考えられる。認知症ケアは、そのケアの質をより向上させていくために従来の介護者の視点よりも本人の視点が重要視され、当事者の体験に視点を当てて、当事者の

32　クリスティーン・ボーデン（檜垣陽子訳）『私は誰になっていくの？アルツハイマー病者から見た世界』クリエイツかもがわ，京都，2003年

声に学ぶことで認知症の人の体験の理解に役立てようとする[33]のである。

　しかしこのような研究の動向にもかかわらず、日本の認知症ケアの現状はケアする側の視点から客観的に認知症者を捉えた「BPSDなどの問題を管理的に対処するケア」にとどまっている現場が大半を占めると永田[34]はいう。PCCの理念が認知症ケア研究に取り込まれて10年以上が経過する現代でも未だにBPSD症状の問題行動が注目されているのはなぜなのか。その理由として永田は、当事者である本人の視点に立って行うケアの根本的な理解やスキルが不足していること、人手や時間が不足していることを挙げている[34]が、しかし未だにBPSDからの問題行動が現場で注目されるのは、はたしてその理由だけだろうか？　そこには認知症ケアを業務として捉え、介護者の業務遂行へのニーズを満たそうとする現場と認知症の人を人として扱うという理念との乖離、すなわちPCCの理念の空回りに加えて当事者である本人の視点に立って行うケアの根本的な理解のために認知症の人本人の語りとその〈体験を解明する〉研究の欠如という問題があるのではないだろうか？

困った人：PCCであってもスタッフの困難感は依然変わらない

　認知症ケアの理念として位置づけられるPCCを学び、その重要性を理解していてもそれで認知症の人の介護を実践できるわけではない。例えば、介護拒否など身体介護を困難にさせるBPSDは、介護者の視点からみれば「問題行動」として捉えられ[35]、ごまかして本人が納得するように対応したり、拒否されないように気分転換を促す対処が現在もケアとして行われているという。このような介護拒否やBPSDのある認知症の人にPCC

33　長谷川和夫『認知症医療とケアーこれまでとこれからー』老年精神医学雑誌　17増刊号Ⅱ，2006年，pp.22-27
34　永田久美子『高齢社会における認知症の課題と展望－変化する時代の中での認知症ケアの展開ー』Geriatric Medicine 54 (5)，2016年，pp.459-463
35　加藤伸司『認知症の人の視点から考えるBPSD』老年精神医学雑誌　27 (1)，2016年，pp.157-163

の理念を持ち出しても、あるいはスタッフの努力や現場の工夫をフルに活用しても、「人としてあり続けるために最低限必要なニーズ」が満たされない認知症の人の反発と興奮は収まらず、スタッフは依然として困惑と困難の中にいるのである。その根本的な原因は、そもそも認知症の人が「人としてあり続ける」というときの認知症の人の〈体験を解明する〉研究がなされていない現状があるからである。BPSD に対して PCC の理念で対応するには具体性や一貫性、再現性のある実践のための技術が必要であり、その技術を理論的に裏付ける認知症の人の体験の解明が必要である。しかし PCC の理念を掲げる現場には業務の思想（効率・安全管理・経営の優先）と介護マニュアル以外に、認知症の人を「人としてみる」具体的なスキルは何も用意されていない。ケアの原則や PCC の理念を重んじた実践をするためのスキルは介護者ひとりひとりに任されている現状がある。その結果、認知症の人はいつまでも〈困った人〉であり、スタッフの困難感は依然として変わりないのである。

　現場のスタッフには認知症の人は依然として「業務を妨げる症状をもつ人」であり、それが業務を円滑に遂行できない介護者の疲弊につながっている。介護者が業務を遂行できずケアが実践できないと思うとき、職務満足度が有意に低くなると言われている[36]。そのときの職員の無力感や、やりがいの喪失がバーンアウトにつながるという報告もある[37]。BPSD の対策や PCC 実践の試みにもかかわらず、職員の対応に拒否を示す認知症の人は今も「業務を妨げる症状をもつ人」として見られているのであろう。

36　原祥子・實金栄・吉岡佐知子・太湯好子『介護老人福祉施設で働く介護職員の仕事満足度と認知症ケア困難感との関連』老年社会科学 34 (3)、2012 年，pp. 360-369
37　須加美明『サービス提供責任者の調整業務と離職意向の因果モデル』老年社会科学 38 (1)、2016 年，pp. 21-31

認知症の人の〈体験を解明する〉研究の必要性

　他方、認知症ケア研究の分野では、BPSD 症状の発症要因やスタッフの BPSD の捉え方、対応方法やその教育について、さらに BPSD を評価する尺度について研究がなされ、症状を予防するための知見が得られるようになった。また、その過程では、症状にのみとらわれることなく、本人の視点に立ちその人に何がおこっているのかと BPSD を発症させる理由に目を向ける必要性が言われている。いわゆる「人」としてみる視点である。

　しかしそれには想像力を働かせて、センスや経験知を必要とするというのだが、その具体的な行為を意味づけ、言語化する方法は不明確で、どの介護者でも、どのような認知症の人にも適応できる再現性のあるスキルが示されていないというのが認知症ケア研究の現状であろう。はたして研究はほんとうに認知症の人の「本人の声」に耳を傾け、その声を聴こうとしているのであろうか。今こそ認知症の人本人の語りに耳を傾け、認知症の人の〈体験を解明する〉研究が必要なのではないだろうか。

体験の研究：認知症患者を「人」として理解し、ニードを解明する

　石垣[38] は認知症の人の研究が看護研究において盛んにされる一つの理由に、看護者にとって認知症高齢者が何を考えているのか未知の部分が多いことをあげている。看護実践では、ケアを提供する相手の心に寄り添うという表現がしばしば使われ、相手の心が何を感じ、どのような世界を体験しているのか看護師自らの想像力を駆使し、相手を理解しようとすることが求められる。そのため、認知症の人の体験を研究することで認知症の人の理解を助け、ケアの手がかりにすることが期待されるのである。

　近年、認知症の人の体験が研究されるようになったが、ケアの実践とし

38　石垣和子『当事者学に触れて見直す老年看護学』老年看護学 17 (1)，2012 年，pp. 5–11

てこれらの研究をどのように扱かうかが重要である。認知症ケアとして、認知症の人の体験の何を何のために研究するのか、そもそもケアとは何をすることなのか、そのことに研究者は意識的にならなくてはいけない。しかし認知症高齢者の経験や体験の研究は、認知症の症状である物忘れの受け止め方に焦点が当てられる。例えば「取り繕い」の現象は医学的な視点から見れば病態や症状として捉えられるが、認知症の当事者の視点からは「事実と異なる場合に、過去経験に基づきながら今いる場所に自身を定位しようと探索する」姿であるとか、自分らしく在るための危機回避スキルとして捉えられる[39]。また戸田ら[40]は、認知症の人は現状のつじつまの合わなさが混乱や不安などのBPSDを起こすが、それを時空間を飛び越え交錯する体験と理解し、症状ではなく「認知症高齢者の表現する姿」という現象として捉え、その現象を多面的な対象理解に生かす重要性を示した。さらに藤沢ら[41]は、認知症の人が日常生活で何に困っているのかを研究し、そこでの支援ニーズを検討している。

「困っている人」：ニードに応えることだけでいいのだろうか？

このように認知症の人の体験の研究では認知症患者を「人」として理解し、ニードを解明することによって、本人が望むケアを検討するPCCの「人としてあり続けるために必要なニーズ」の実現が目指されている。しかし認知症ケアとは認知症の人のニードに応えることだけでいいのだろうか。認知症の人の体験からみると、現場が困った人と考える認知症の人は本人は「困っている人」として捉えられる。認知症の人の体験の研究は

39　岡本豊子・中村美優『認知症高齢者の対処行動「取り繕い」行動に焦点を当てて』日本認知症ケア学会誌 10 (3)，2011年，pp.305-314
40　戸田由利亜・谷本真理子・正木治恵『他者と共に在る認知症高齢者の表現する姿』千葉看護学会会誌 22 (2)，2017年，pp.1-10
41　藤澤聡・中村美優・前川佳敬『軽度認知障害 (MCI) を主とする軽度の認知機能障害者を対象とした病気認識と日常生活の困りに関する研究』日本認知症ケア学会誌 13 (2)，2014年，pp.431-441

その困っていることへのサポートの研究なのだろうか？　あるいはなぜ認知症の人はそのことに困っているのだろうか？　そして、そもそも認知症の人の体験の研究は何のために必要なのか？　認知症の人は何に？　なぜ？どのように？　困っているのだろうか？

　日常生活動作が「うまくできない」事態に直面している認知症の人に介護者がその行動を補う支援は介護現場でよくみられる。これは認知症の人の「〜したい」ニーズに応じている支援なのだが、このとき、認知症の人の本来行えるはずのことが「うまくできない」苦しみは何に起因していて、その苦しみにスタッフはどのように応じているだろうか？　これらのことを考えると、これからの認知症ケア研究ではこの認知症の人の体験（特に認知症の人の苦しみ）に研究者の意識を向け、その苦しみの解明に焦点を当てることが重要なのではないかと思えるのである。

苦しみの人：症状から体験（苦しみ）へ

　認知症の人は、自分自身のこと・周囲のことが想い出せず、わからなくなる不安や緊張の苦しみ、それを誰にも理解してもらえない孤独の苦しみを抱えていると推測される（第2章）。その苦しみを和らげ、軽くし、なくすることが認知症ケアではないだろうか。

　村田は、援助とは、相手の苦しみを和らげ、軽くし、なくすることであると定義し、苦しみは、本人の主観的な想い・願い・価値観と客観的状況とのズレから生じると構造化した[42]。認知症の人への援助でわれわれが焦点を当てるべきは「相手の苦しみ」であり、「介護者の視点」からの自立した生活の可否や症状の緩和ではない。認知症の人は自分の体験したことを想い出せないことに苦しんでいるのであり、その苦しみを和らげるケアを求めているのである。したがって認知症の人は「苦しみの人」とも言えるであろう。この新たな視点で、自立できない生活に潜在する認知症の人

42　村田久行『改訂増補ケアの思想と対人援助』川島書店，2012年，pp. 43-45

の苦しみに、あるいは失行や記憶障害という物忘れ症状に潜在する認知症の人の苦しみに焦点をあて、その苦しみを和らげ、軽くしなければ援助とはならない。ケアは、援助する者が相手に苦しみの理解者として立ち現れて初めて「援助の関係性」が成り立つ[43]。したがって認知症ケアとは認知症を体験する人の苦しみを援助の関係性に基づき、関係の力で和らげ、軽くし、なくすることであると定式化できるのである。

苦しみを和らげる認知症ケア：対人援助論への期待

　これまでの認知症ケアの研究論文に認知症の人の「苦しみ」を取り扱ったものは見あたらない。認知症の人の「体験」は扱っていても、それをBPSD やそれに付随の症状として分析して対応方法を検討し、認知症の人の体験を推測し言語化するのみで、これらの体験に潜在していると考えられる認知症の人の苦しみは取り扱われてこなかった。松本ら[44] は認知症患者の BPSD には不満・怒り・さみしさ・不安が潜在し、ケアには患者理解を深めて、安心や尊厳を与え、その人にあった生活の修正が必要と述べている。さらにスタッフが認知症患者の暴力行為を我慢し、患者に理解してもらえない苦悩をもつときもそれに耐えられるのは患者の回復やケア経験に支えられているからだというスタッフの体験を明らかにした。しかし認知症ケアは、患者の暴力に耐え、ニーズに応えることを目的にするだけではスタッフの困難感と無意味感は解決されない。患者が認知機能に障害をもっていてもスタッフのかかわりで認知症の人の苦しみが和らげられることを実感することが必要である。この苦しみを和らげることこそがケアの効果であり、援助する者にとってのケアの目的と意味ではないだろうか。

43　村田久行『対人援助における他者の理解－現象学的アプローチ－』東海大学健康科学部紀要 6，2001 年，pp.109-114
44　松本明美・赤石三佐代『BPSD を表出する認知症高齢者の看護　攻撃的行動に対する看護師のとらえ方とケア』ヘルスサイエンス研究 15 (1)，2011 年，pp.33-38

　認知症の人に現れる不安や孤独の苦しみとは何か？　苦しみはなぜ、どのように現れるのか？　それこそが、これからの認知症ケア研究の主題ではないだろうか。認知症の人の言動を〈症状〉として分析し、症状を収めて日常生活を回復させることや、症状の発生を予防することは、業務の遂行には重要かもしれないが、それ以上に、目の前の認知症の人の苦しみに焦点をあて、それを和らげることにこそ認知症ケアの目的があるのではないだろうか。認知症の人は「苦しみの人」であり、苦しみを和らげる認知症ケアこそが求められている。この新たな視点でこそ、認知症の人に対応している家族も含めた介護者が日ごろ無自覚に行っている援助の行為を、意味づけし、言語化することができ、認知症ケアの目的とその方法をより明確に示すものと思えるのである。

引　用　文　献

1　井上弘子・土屋尚義・金井和子・吉田伸子・中島紀恵子『「呆け老人」に関する文献的考察』日本看護研究学会雑誌 6（3），1983 年，pp.63-72

2　痴呆性老人対策推進本部事務局編『これからの痴呆性老人対策：第 1 章痴呆性老人対策推進本部報告（1987 年 8 月 26 日）』中央法規出版，東京，1988 年

3　堀内ふき『改定 4 版・認知症ケアの実際Ⅰ』日本認知症ケア学会編，第 1 章認知症ケアの原則と方向性：総論，ワードプランニング，東京，2016 年，pp.3-13

4　加藤伸司『認知症ケアはここまで進んだ』日本老年精神医学誌 19（6），2008 年，pp.629-635

5　五島シズ『痴呆・老年看護の実際』Geriatric Medicine 15，1977 年，pp.1161-1162

6　小野寺敦志『認知症ケア研究の現況と今後の可能性』日本認知症ケア学会誌 16（3），2017 年，pp.591-598

7　辺田津矢子『老年痴呆患者の看護 – 老年骨折患者を中心として』共済医報 25（1），1976 年，pp.76-79

8　鈴木桂子、伊関直美『うっ血性心不全で入院した老年期痴呆患者の看護』臨床看護 4（14），1978 年，pp.71-77

9　斉藤令子『老年性痴呆患者の看護にあたって』民医連医 42，1975 年，pp.68-69

10　斎藤正彦・荻野忠・金子嗣郎『東京都世田谷区における在宅痴呆老人調査 – 在宅介護を困難にする要因に関する研究 –』臨床精神医学 18（9），1989 年，pp.1433-1442

11　流石ゆり子『呆け老人介護者の介護行動の要因に関する検討』公衆衛生情報 17（12），1987 年，pp.18-27

12　伊佐マル・石綿文『痴呆老人の拒食と失禁』Geriatric Medicine 23，1985 年，pp.900-906

13　室伏君士『病院における老年期痴呆患者の処遇』Geriatric Medicine 24，1986 年，pp.192-196

14 長谷川小百合・小木曽加奈子・今井七重『治療が必要な認知症高齢患者をケアする一般病院看護師が感じる困難』日本看護学会論文集：慢性期看護 49, 2019 年, pp. 287-290

15 厚生労働省「痴呆」に替わる用語に関する検討会報告書（2004）. https://www.mhlw.go.jp/shingi/2004/12/s1224-17.html

16 中島健二『認知症とは？認知症はなぜ起こるのか？』臨牀と研究 91 (7), 2014 年, pp. 863-865

17 長谷川小百合・小木曽加奈子・今井七重『治療が必要な認知症高齢患者をケアする一般病院看護師が感じる困難』日本看護学会論文集：慢性期看護 49, 2019 年, pp. 287-290

18 千葉一照・山村君枝『認知症患者に対する看護師の感情労働 看護師の陰性感情に焦点をあてて』日本精神科看護学術集会誌 56 (1), 2013 年, pp. 104-105

19 野口代・山中克夫『介護施設・病院における日中の活動が認知症の行動・心理症状（BPSD）に及ぼす効果わが国で行われた研究の質的システマティック・レビュー』老年精神医学雑誌 28 (12), 2017 年, pp. 1387-1398

20 小池彩乃・内田陽子『認知症の行動・心理症状（BPSD）をもつ高齢患者に対する共鳴型マッサージ手浴の効果』日本認知症ケア学会誌 18 (3), 2019 年, pp. 661-669

21 湯浅美千代・小野幸子・野口美和子『老人痴呆患者の問題行動に対処する方法』千葉大学看護学部紀要 23, 2001 年, pp. 39-45

22 山口晴保『BPSD の定義、その症状と発症要因』認知症ケア研究誌 2, 2018 年, pp. 1-16

23 佐久間美里・渕田英津『認知症高齢者の行動・心理症状に関する国内外の研究動向』日本認知症ケア学会誌 18 (3), 2019 年, pp. 639-650

24 野口美和子・湯浅美千代・今村美葉他『老人病院における痴呆患者の問題行動についての看護婦のとらえ方』千葉大学看護学部紀要 20, 1998 年, pp. 101-106

25 鳥羽研二『アルツハイマー認知症にみられる精神・行動障害（問題行動）への対応 抑肝散の位置づけ』Geriatric Medicine (0387-1088) 46 (3), 2008 年, pp. 229-234

26 窪優太・竹田徳則『わが国における認知症の行動・心理症状（BPSD）に対する非薬物療法の現状と課題』日本認知症ケア学会誌 16 (2)，2017 年，pp.484-497

27 今井幸充・半田幸子『認知症の行動・心理症状（BPSD）の因果関係と BPSD の重症度との関連』老年精神医学雑誌 29 (9)，2018 年，pp.975-989

28 大谷明弘・林典生『認知症に伴う介護施設利用者の行動・心理症状（BPSD）の背景因子の推定に関する文献研究』最新社会福祉学研究 13，2019 年，pp.15-28

29 水野裕『パーソン・センタード・ケアの考えに基づいたアセスメントとは』痴呆介護 5 (1)，2004 年，pp.25-31

30 水野裕『Quality of Care をどう考えるか』老年精神医学雑誌 15 (12)，2004 年，pp.1384-1391

31 鈴木みずえ『急性期医療における看護実践に活かすためのパーソン・センタード・ケアの理念と実践』看護 64 (10)，2012 年，pp.60-63

32 クリスティーン・ボーデン（檜垣陽子訳）『私は誰になっていくの？アルツハイマー病者から見た世界』クリエイツかもがわ，京都，2003 年

33 長谷川和夫『認知症医療とケア－これまでとこれから－』老年精神医学雑誌 17 増刊号II，2006 年，pp.22-27

34 永田久美子『高齢社会における認知症の課題と展望－変化する時代の中での認知症ケアの展開－』Geriatric Medicine 54 (5)，2016 年，pp.459-463

35 加藤伸司『認知症の人の視点から考える BPSD』老年精神医学雑誌 27 (1)，2016 年，pp.157-163

36 原祥子・實金栄・吉岡佐知子・太湯好子『介護老人福祉施設で働く介護職員の仕事満足度と認知症ケア困難感との関連』老年社会科学 34 (3)，2012 年，pp.360-369

37 須加美明『サービス提供責任者の調整業務と離職意向の因果モデル』老年社会科学 38 (1)，2016 年，pp.21-31

38 石垣和子『当事者学に触れて見直す老年看護学』老年看護学 17 (1)，2012 年，pp.5-11

39 岡本豊子・中村美優『認知症高齢者の対処行動「取り繕い」行動に焦点を当てて』日本認知症ケア学会誌 10 (3)，2011 年，pp.305-314

40　戸田由利亜・谷本真理子・正木治恵『他者と共に在る認知症高齢者の表現する姿』
　　千葉看護学会会誌 22 (2)，2017 年，pp. 1-10

41　藤澤聡・中村美優・前川佳敬『軽度認知障害（MCI）を主とする軽度の認知機
　　能障害者を対象とした病気認識と日常生活の困りに関する研究』日本認知症ケア
　　学会誌 13 (2)，2014 年，pp. 431-441

42　村田久行『改訂増補ケアの思想と対人援助』川島書店，2012 年，pp. 43-45

43　村田久行『対人援助における他者の理解－現象学的アプローチ－』東海大学健康
　　科学部紀要 6，2001 年，pp. 109-114

44　松本明美・赤石三佐代『BPSD を表出する認知症高齢者の看護　攻撃的行動に対
　　する看護師のとらえ方とケア』ヘルスサイエンス研究 15 (1)，2011 年，pp. 33-
　　38

あ と が き

　この本は、認知症の症状対応に疲れた施設職員の皆さんに読んでいただきたいと思っています。もう周辺症状にふりまわされることはなくなるでしょう。

　この本はまた、大切な親や妻や夫が認知症で人柄まで変わってしまった！　と嘆いておられる介護者の皆さんに読んでいただきたいと思います。認知症の人の苦しみがわかって、ケアの方向がみえてくるでしょう。

　この本は、認知症の人はわけがわからないことを言う人だと思っている一般の人に読んでいただきたいのです。認知症の人はわけがわからない人ではなく、自分の体験したことを想い出せないことに苦しんでいるのだと理解していただけるでしょう。

　そしてこの本は、何より認知症の人ご本人に読んでいただきたいと思っています。もしご自分で読むのがむつかしい場合は、わかる範囲で、わかりやすいところを誰かが読んであげてください。ご自分のことがわかって安堵されるでしょう。

　これは、症状対応に行き詰まる認知症ケアの現状に新たな視点で路をひらく〈苦しみを和らげる認知症ケア〉の提案です。認知症の人の苦しみを和らげること。認知症ケアではこれがいちばん優先されることであるというのがこの本の言いたいことです。そしてそれには、誰にもできる方法があるというのがこの本の内容です。

　最後に、貴重な示唆にあふれた事例と優れた実践の会話記録を掲載することを承諾してくださいました現場職員の皆様に心より感謝申し上げます。皆様のご協力の賜物として、この〈苦しみを和らげる認知症ケア〉で多くの認知症の人と介護する人が救われることを私たちは願っています。

2023 年 10 月　著者を代表して

村田久行

執 筆 者 紹 介 （執筆順）

第1章

坂井明弘（さかい あきひろ）
　　鹿児島県生まれ。1999 年日本福祉大学社会福祉学部卒業。
　　社会福祉士、介護支援専門員、認知症介護指導者。
　　医療、福祉、介護、矯正等でソーシャルワーカー、介護職として従事。
　　株式会社ＣＡＲＥ＆ＳＯＮＳ代表取締役
　　鹿児島県薩摩郡さつま町で地域密着型複合ケアホームよかよかん代表。
　　NPO 法人対人援助・スピリチュアルケア研究会副理事長・研修講師。
　　日本認知症ケア学会石崎賞受賞（1999 年、2000 年）など

はじめに、序章、第2章、第3章、第4章、第5章

村田久行（むらた ひさゆき）
　　編著者略歴を参照

第6章

上山ゆりか（うえやま ゆりか）
　　福井県生まれ。2007 年福井県立大学大学院看護福祉学研究科看護学専攻修了。
　　病院で看護師として在職後、看護大学の講師として老年看護学教育に従事。
　　現在、藤田医科大学保健衛生学部臨床看護研修センターに在職。

編 著 者 略 歴

村田久行（むらた ひさゆき）

京都府生まれ。1985年神戸大学大学院文化学研究科博士課程修了。専攻は対人援助論、スピリチュアルケア研究、福祉原理、哲学。現在、京都ノートルダム女子大学名誉教授、NPO法人 対人援助・スピリチュアルケア研究会理事、研修講師。
著書に、『改訂増補 ケアの思想と対人援助』(1998年)、『援助者の援助』(2010年)、『記述現象学を学ぶ(編著)』(2017年)（ともに川島書店)、『現象学看護－せん妄(編著)』(2014年) 日本評論社。論文に「終末期がん患者のスピリチュアルペインとそのケア」『緩和医療学』(2003年)、「痛みとスピリチュアルケア」『ペインクリニック』(2010年)、「ソーシャルワークの人間観～実存の視点～」『ソーシャルワーク研究』(2011年)　他多数

Spiritual pain and its care in patients with terminal cancer: Construction of a conceptual framework by philosophical approach. Palliative Support Care 2003; 1(1): 15-21.
Conceptualization of psycho-existential suffering by the Japanese Task Force: the first step of a nationwide project. Murata H, Morita T, Palliative Support Care. 2006 Sep;4(3):279-85.
Meaninglessness in terminally ill cancer patients: a randomized controlled study. Morita T, Murata H, et.al. ;Japanese Spiritual Care Task Force. J Pain Symptom Manage. 2009;37(4):649-58.　他多数

苦しみを和らげる認知症ケア

2023 年 10 月 15 日　第 1 刷発行

編 著　村　田　久　行

発行者　中　村　裕　二

発行所　㈲ 川　島　書　店

(本社) 〒 165-0026
東京都中野区新井 2-16-7
電話 03-3388-5065
(営業・流通センター) 電話 & FAX 03-5965-2770

© 2023
Printed in Japan　　DTP 風草工房／印刷・製本 モリモト印刷株式会社

落丁・乱丁本はお取替いたします　　　　振替・00170-5-34102

＊定価はカバーに表示してあります

ISBN978-4-7610-0955-7　C3036

ケアの思想と対人援助

村田久行 著

患者・クライエントの心配・気懸かりを「引き受ける・担う」という発想から
従来の援助に対する考え方を見直す。改訂増補にあたっては旧版での不充分
な所を加筆・修正し、新たに人間の「苦しみの構造」に焦点をあてて書き加え
ている。

ISBN978-4-7610-0642-6 A5判 178頁 定価2,530円(本体2,300円＋税)

援助者の援助

村田久行 著

対人援助の専門職性とは何か？業務としてでなく、どのように援助が実現でき
るのか？これらの疑問に応える形で"援助者の援助"ができないだろうか…。
本書は、その実現を可能にする支持的スーパービジョンの理論と実際。

ISBN978-4-7610-0871-0 A5判 210頁 定価2,640円(本体2,400円＋税)

記述現象学を学ぶ

村田久行 編著

従来の現象学的方法論は難解といわれてきたが、本書は、対人援助の現場で頻
繁に現れる患者・家族・援助スタッフの様々な体験の意味を解明することを目
的として、臨床現場で使える「記述現象学」の「わかる」「使える」研究方法
を開発した、質的研究方法論。

ISBN978-4-7610-0919-9 B5判 320頁 定価4,400円(本体4,000円＋税)

高齢者のボランティア活動とたのしさの共有

村社 卓 著

たのしいと人は参加する。サービス利用につないでもらえるシステムは魅力的
である。たのしいこととつなぐことは高齢者の孤立予防を実現する推進力であ
る。大都市のコミュニティカフェの実践分析と定性的（質的）データの収集・
分析方法、そして理論の生成について解説。定性的研究方法のガイドライン。

ISBN978-4-7610-0949-6 A5判 240頁 定価4,180円(本体3,800円＋税)

たのしくつながる高齢者の孤立予防モデル

村社 卓 著

介護予防・日常生活支援の展開が期待されているが、本書は、大都市における
コミュニティカフェでのソーシャルワーク実践の分析をとおして、高齢者の参
加とサービス利用を促す関係づくりに媒介者および協力者の存在とその積極的
な活用を提案する。

ISBN978-4-7610-0941-0 A5判 212頁 定価3,080円(本体2,800円＋税)

川 島 書 店

https://kawashima-pb.kazekusa.jp/

定価は2023年9月現在

認知症の社会文化的表象

長田久雄 監修／城戸亜希子 著

近代から現代に至る日本社会において，認知症という病とそのイメージがメディアや文学作品を媒介としてどのように広まり，認識や偏見を作り出してきたのかを，老年学の視座から明らかにする。より安心して過ごすことができる社会への創造を提示する。

ISBN978-4-7610-0937-3 A5判 280頁 定価4,840円(本体4,400円＋税)

ケアを生み出す力

佐藤俊一 著

個々の援助者がケアを生み出すために必要な問いを投げかけ，相手をどう受けとめたかを表わす聴く態度から始まり，苦悩できること，気持が動いて行動できる感性を磨く，スムーズには流れない時間を共有する，といった基礎となることを徹底的に検証している。

ISBN978-4-7610-0881-9 四六判 224頁 定価2,420円(本体2,200円＋税)

新ＡＬＳケアブック・第二版

日本ＡＬＳ協会 編

“新しいＡＬＳ観”そして今日のＡＬＳ患者の療養環境は，ＡＬＳ患者自身や関係者の生死を越えた戦いによって整えられてきたものである。この本は，ＡＬＳについて日本の叡智とも讃えられるべき執筆陣による，世界に誇れるＡＬＳの手引き書。

ISBN978-4-7610-0892-5 B5判 298頁 定価3,740円(本体3,400円＋税)

ミュージック・ケア

宮本啓子 著

ミュージック・ケアは，音楽療法の一つとして近年，めざましい発展をみせているが，本書は，師の加賀谷哲郎の教えを受け継ぎ，長年にわたって福祉の現場で実践をかさね，大きな成果をあげてきた著者が，その基本と実際を体系的に紹介する，初めての基本書。

ISBN978-4-7610-0886-4 B5判 174頁 定価2,750円(本体2,500円＋税)

神経質を伸ばす森田療法

豊泉清浩 著

本書は，前著「森田療法に学ぶ―神経質を伸ばす生き方」の内容を新たに書き改め、選書の形式にしたものである。現在、生きづらさをかかえ、不安とどのようにつき合い、どのように生活すればよいのかに悩まれている人々にとって有効な指針となるであろう。

ISBN978-4-7610-0948-9 四六判 164頁 定価1,980円(本体1,800円＋税)

川 島 書 店

https://kawashima-pb.kazekusa.jp/

定価は2023年9月現在